Bernd Merkle
Sacha gibts

Bernd Merkle

Sacha gibts

Heitere schwäbische Kurzgeschichten
und Gedichte

Silberburg·Verlag

Bernd Merkle, geboren 1943 in Esslingen am Neckar, war Leiter
der Grund- und Hauptschule in Zell unter Aichelberg und ist
Vorsitzender des württembergischen Sprengels der Schlaraffia, einer
Vereinigung von Männern, die sich den Humor und die Kunst
auf die Fahnen geschrieben hat. Als Autor zahlreicher amüsanter
Mundartbücher ist er seit Jahren bekannt.

Gedruckt mit freundlicher Unterstützung des
Fördervereins Schwäbischer Dialekt e. V.

1. Auflage 2010

© 2010 by Silberburg-Verlag GmbH,
Schönbuchstraße 48, D-72074 Tübingen.
Alle Rechte vorbehalten.
Umschlaggestaltung: Anette Wenzel, Tübingen,
unter Verwendung einer Zeichnung von Helga Merkle.
Druck: Druck- und Medienzentrum Gerlingen, Gerlingen.
Printed in Germany.

ISBN 978-3-87407-883-2

Besuchen Sie uns im Internet und entdecken Sie
die Vielfalt unseres Verlagsprogramms:
www.silberburg.de

Inhalt

D Martha oder: Mr wird hald älder

»Jetzd wird s aber langsam Zeid«, sechd d Martha zu sich selber. Se schwätzd emmer mit sich selber, wenn se drhoim isch, sonschd hot se jo neamerds mai, an den se nabrägla kennd. Ihr Ma isch vor zwölf Johr gschdorba, ond d Kender send aus am Haus. Seit d Katz überfahra worda isch, hot se sich au koi Tierle meh aido. En dr Schdadt hot des koin Wert. Mit Fisch ka se nex afanga, es sei denn, se send paniert ond kommad en d Pfann. Ond a Vögale will se au kois, des pfludarad emmer so uffgregd ond vrschdaubd de ganz Schdub. Ond des ka se scho au gar et braucha, wia wenn se nex anders zom do häb, als hender so ama Schdubageier drai zom butza. Ond drzua na dr ganz Dag des bleede Gepfeife. Des kriag se mit ihram Hörabbarad au na, do briechd se koin Vogel drzua.

Also, d Martha wohnd alloi en dr Schillerschdroß en Gebbenga em zwoida Schdock en ama alda Vierfamiliahaus aus de Dreißgrjohr. Se hot a Zwoizemmerwohnung mit Blick uff d Schdroß ond auf s Haus gegaüber. Des isch guad so, wegam Schbazieragucka. A scheena Landschafd wär ehra z langweilig. Do bassierd jo nex. Do kennd se au a Boschdkard agucka, sechd se, wenn se uff d Wohnlag agschbrocha wird.

S selber gschdickdc Kissale liegd emmer en Raichweide em alda durchghockda Sessel von ihram Ma. Dr

Sessel schdohd neabam Büffee am Fenschdr. A nuier lohnd sich en dem Alder nemme, hot se gmoind, ond zu dem bissle Fernseaha duad s den guad, wenn mr des Kissale uff dia naghockda Schdell en dr Midde legd.

Ond wia gsagd, zom Schbazieragucka brauchd se de Kissale au. Des legd se emmer uff dr Fenschdrsemsa, damid se s a bissle bequemer hot. D Ärm send nemme so guad bolschderd wia früher. Se send a bissle knochig ond schdärch ond des selber gschdickte Kissale mit dene scheene Schneeglöckla druff hilfd scho gega Druckschdella an de Onderärm ond am Ellaboga, wo se doch en letzschdr Zeid emmer bei jedam bissle Nahaua a blaus Mol kriagd. Ond wia des na aussiehd. Ond wia na d Leud emmer so neugierig frogad. Eidel isch se scho no, d Martha Hutzalaub, au wenn se scho weid über achzga isch.

Weil s also so langsam Zeid wird, schdohd se vom Frühschdücksdisch uff ond hebd sich no a bissle an dr Schduahllehne, bis se ainigermaßa grad schdohd. Em Alder isch des ällas et so oifach. Na nemmd se ihr Tass, schdützd sich an dr Dischkande ab ond däbbalad nomm zur Schbüale. Also dui Tass isch ja meh a Schüssel mit ama Henkel dra, aber se isch gschickd, do vrschiddad mr et emmer ällas glei mit de ziddrige Händ, weil se au diaf isch ond oba en broida Rand hot. Da ka mr ganz guad an austrocknada Hefezopf vom letzschda Senioranochmiddag oder a Budderbrezg aidonka. Dia Feddauga uff dem denna Milchkaffee schdörad au et weider. S siehd ja koiner.

Se schlurfd nomm en s Bad ond richdad sich. Wenn mr aus am Haus gohd, na richdad mr sich vorher sauber. Des hot scho ihr Muadr zu ihra gsagd, wo se no a klois Mädle war, ond des hot se sich bis heud gmerkd, au wenn s scho a Weile her isch. Aber mr woiß nia, en was mr naikommd als Frau, hoißd s. Bei Männer sei des äbbas anders, hoißd s. Do sei sowieso ällas oifacher.

Em Bad schbüald se na nomal s Gebiss aus, schdeckd ihran Dudd ordendlich na ond schlupfd en ihr graus Koschdümle nai, des se sauber uff an Biegl ghengd hot, damid sich d Falda aushengad.

»Was ziag e heud für a Blüsle drzua a? Nemm e des blaue oder des weiße mit dene Rüschla? Was han e denn vorgerschd für ois aghed? Et dass na hoißd, dui hot au äll Dag s gleich Gwand a.«

So schwätzd se vor sich na, ond nochdem se en ihre schwarze Halbschüahla naigschlupfd isch, des gohd em Schdanda, weil mit am Bucka duad se sich scho a bissle schwer, entschaidad se sich für des donkelgraue Pullöverle, obwohl se nemme so gnau woiß, ob se des et doch scho am Mondag aghed hot.

»Ih sodd mr s uffschreiba«, moind se, »aber s bassd hald am beschda zu dem hellgraua Koschdümle ond so warm isch s drussa au wieder et.«

Übrigens kommad dia Falda en dem Röckle vom Hocka. Vom Hocka em Wardezemmer vom Dokdr Guffarth. Des isch ihr Hausarzd. Zu dem gohd se äll zwoi Dag, am Mondag, am Middwoch ond am Freidag. S ganz Johr.

Et dass se miaßd. Noi. Er guckd scho älls noch ehra, so äll Vierdeljohr. Aber se gohd trotzdem äll zwoi Dag, weil a Zeitungsabonnemend oder gar so deure Illuschdrierde ka se sich bei dem bissle Rente et laischda. Ond en dem Wardezemmer liegd des Zuigs ja sowieso bloß rom. Außerdem kommd mr au mit de Leud en s Gschbräch, ob dia wöllad oder et.

Was soll se au alloi drhoim romhocka? Soll se vielleichd vrsaura? Noi, des isch et ihr Ard. Se muaß ab ond zua onder d Leud. Ond dr Herr Dokdr isch ja so a nedder Ma. Ond der hot ja so viel Vrschdändnis für se. Also, wenn se no jünger wär, ha, den däd se grad … aber der Zug isch laider naus.

Ond dia Helferinna. Ha, so äbbas Fraindlichs ond Liabs, bsonders d Schweschder Moni. Ab ond zua ond wenn grad neamerd sonschd em Wartezemmer hockd, brengd se dr Martha a Pralinee oder an Schokladkeks. Des mog se. Se isch hald a Siaßa. Ond en dem Alder isch s scho au grad egal, ob se a bissle meh Alderszucker hot oder et, sechd se sich. Ond dr Herr Dokdr moind au, dass se des bissle Leaba, des se no häb, genießa soll, so weid des gohd bei derra kloina Eisebahnerwitwarente.

Se schmierd sich no a bissle von derra Pfirsichcreme en s Gsichd, die se von ihra Schwiegerdochdr zu Weihnachda kriagd hot. S hilfd zwar nemme gega d Ronzla em Gsichd, aber se riachd hald so fai. Ond ihre Ronzla derf mr seah, die häb se sich ehrlich erworba.

Na hold se sich die echda Plaschdigperlakedde aus am Schmuckkäschdle ond legd se sich om dr faldige Hals. Se bassd zu dem donkelgraua Pullöverle scho au jesasmäßig guad, ond se machd was her, ond wenn mr et an se nalangd, na merkd mr gar et, dass des koine echde Perla send.

Sauber grichd, s overmeidliche Handdäschle am rechda Arm, dabbd se vorsichdig d Trebba na ond hebd sich drbei mit dr lenka Hand am Gländer. Wia gsagd, s Alder. S isch et oifach. Früher, ja früher, ha Narr, do wär se … aber jetzd isch scho so. Do kosch nex macha. Des isch dr Lauf dr Zeid. Mr muaß sich drmid abfenda. Au wenn s schwer fälld. Ond ihr kommad au älle noch.

Nochdem se uff am Trottwar isch ond d Hausdür zuagschlossa hot, bleibd se no gschwend schdanda, wia emmer, machd ihr Handdäschle uff, wia emmer, ond guckd nai, ob se au ällas hot, wia emmer. Se hot zwar emmer ällas, se isch ja a ordentliche Frau, net wohr, d Lesebrill, s selber gschdickde Daschadüachle, ihre Tabledda, a klois Nähzeug für d Dasch, s war a Werbegschenk von dr Darlehnskass, se hot s aber no nia brauchd, a Pfläschderle, s Geldbeudale, dr Hausschlüssel, an Flaschaöffner, »wo kommd jetzd au der her, den trag e scho seit Johr ond Dag schbaziera ond vrgiss an emmer rauszomdo«. Nochdem se ällas gründlich durchkruschdeld hot, nickd se sich fraindlich zua ond dabbd mit ama zfriedana Lächla em Gsichd zu ihram Dokdr, der oi Hauseck weiter uff dr andara Schdroßaseid em a alda Patrizierhaus aus rotem Buntsandschdoi sai Praxis em erschda Schdock hot.

Langsam schnaufd se d Trebba nuff, ruahd emmer wieder amol a bissle aus, s isch hald nemme dees ond drzua na des Aschdma, aber se machd s trotzdem äll zwoi Dag. S lohnd sich. Se isch onder de Leud.

Oba akomma machd se na d Dür zur Ameldung uff ond begrüßd *ihre* Arzdhelferinna, frogd wia s gohd ond wird gfrogd wia s gohd, wia emmer, wird globd, wia schick se heud wieder sei, wia emmer, ond wia jong se ausseaha däd, wia emmer.

»Ja, ja«, sagd se na gschmaicheld, wia emmer, »aber wia s drenna aussiehd, des siehd mr hald et«, moind se, wia emmer. S isch emmer s gleiche Ritual, ond s däd äbbas fehla, wenn s et so wär. D Martha ghörd seid Johr ond Dag zom Inventar.

Na gohd se nom en s Wartezemmer ond hockd uff »ihran« Schduahl na. Der schdohd genau gegaüber von dr Dür, damid se au glei siehd, wer raikommd. Ond je nochdem sechd se Griaß Godd oder au et. Ond wenn scho äbber uff ihram Schduahl hockd, na hockd se zwar uff an andara Schduahl na, aber se isch uff am Schbrong. Wenn na derjenige, der uff ihram Schduahl ghockd isch, drakommd, hockd se sich blitzschnell om. S isch au scho vorkomma, dass äbber bloß uffs Klo hot miaßa. Der guckd na vielleichd domm aus dr Wäsch, wenn r zrückkommd ond a alds Weible druffhockd ond d Zeidong liesd oder en a Il-luschdrierde vrtiefd isch, wia wenn se scho de ganz Zeid dohanna ghockd wär ond nex anders do hädd. Se kommad zwar ens Grüabla, d Leud, aber gsagd hot bis jetzd no koiner äbbas. Mr will sich jo et blamiera ond außerdem ... des alde Weible.

Se muschderd de jonge Mädla mit ihre Zahschbanga. Dia seahad jo aus, wia wenn se an Schdacheldrohd em Maul häddad. Drfür siehd mr na dr nackade Bauch raushenga mit ara silberna Schraub em Bauchnabel ond mit ama Nosareng wia bei ara Kuah. Also, wia dia heudzudag romlaufad. Also zu maira Zeid hädd s des et gebba, denkd se leichd kopfschüttelnd hender ihrer Zeidong vor sich na. Ond dia jonge Kerle, also noi, koi Hoor besser. Dr Hosaboda zwischa de Knui ond dr Bläderleskaugummi vor dr Gosch, ausgfranzde ond vrschniddane Hosaboiner ond Augadeckel han-gad ra bis uff halb zwelfe. Cool soll des sai, also noi, wia ka mr au. Wenn e dene ihr Muadr wär, ha Narr, dene däd e ...

Se schwätzd mit de jonge Müdder über d Erzie-hung von de Kender ond vrgleichd des mit dem, was früher war. Ond manche miaßad sich scho arg zammanemma, wenn se dr Martha ihr Moinung erfahra miaßad. De maischde send na hald schdill ond schbielad mit ihre Kender, oder se vrschdeckad sich henter ihrer Illuschdrierda, au wenn se dui scho faschd auswendig kennad.

Wenn na d Schbrechschdond rom isch ond neamerd mai em Wardezemmer hockd, schdohd se hald en Godds Nama au uff, sechd zu ihre Schweschdara Ade ond däbbalad wieder hoim.

Seid achd Dag fehld d Martha. Ond wenn d Martha et em Wardezemmer hockd, na fehld äbbas. D Schweschdara wondarad sich ond machad sich Sorga. Se sagad s ihram Scheff, ond der machd sich na au Sorga.

»Ih gang heud Obend noch dr Praxis gschwend nom ond guck noch dr Martha. Schweschder Moni, richdad Se mai Dasch na, ond dend Se au a baar Pralinee nai.«

So schdohd dr Dokdr Guffarth noch am Feierobend vor am Haus, en dem d Martha wohnd, ond schelld bei ihra. Er schelld oi Mol, er schelld zwoi Mol ond wardad. Bei äldere Leud brauchd mr a bissle Geduld. Des woiß r.

Endlich gohd oba s Fenschdr uff. D Martha guckd raus. Mr erkennd se faschd et. Se hot a Kopfduach auf ond an dicka, wollena graua Schal a, wia wenn se

drmid uffs Eismeer wedd. Drweilsch hot s no guade zwanzg Grad plus. Na krächzd se vom Fenschdr ra: »Ach Sia send s, Herr Dokdr. Ih ka Se heud laider et railassa. Ih ben nemlich krank. Et, dass e Se gau no aschdeck.«

Ond bevor dr Dokdr no hot äbbas saga kenna, warad d Fenschdr wieder zua. Er hot laise ond kopfschüddelnd vor sich na glachd ond isch na hoim.

Noch vierzeah Dag isch d Martha wieder em Wardezemmer ghockd, wia wenn nix gwä wär. Sauber grichd, wia emmer, uff ihram Schduahl, wia emmer, ond se war wieder onder de Leud, wia emmer, wenn se et grad krank war. Do ka se na neamerds braucha, net amol ihran Dokdr.

Früher

Wenn mr so an früher denkd,
ond drbei sich s Hirn vrrenkd,
isch s, wenn ih des richdig säh,
domols ällas besser gwä.

Achdavierzig Wochaschdonda,
mr hot sich kromm ond bucklig gschonda,
Essamarka, Kohla schibba,
mr suachd noch Zigareddakibba,
Schlanga schdanda, Brennholz sammla,
nex mit omanandergammla.
S isch, wenn ih des richdig säh,
früher ällas besser gwä.

Kohldampf schiaba, Nussa klaua,
ab ond zua zom Schuaschdr saua,
koi Ledersohl, ja Scheißale,
höchschdens a neus Eisale,
en d Hos nähd mr an Schbickel nai,
des muaß et glei a Neua sai.
S isch, wenn ih des richdig säh,
früher ällas besser gwä.

Datza, Hosaschbanner, Schläg,
et bloß oimol, faschd äll Däg,
uff de Schieferdafla schreiba,
nochsitza ond hocka bleiba,
Leibla, Schdrapser, Schdrempf, dia kratzad,
Schuahneschdl, dia ällweil fatzad.
S isch, wenn ih des richdig säh,
früher ällas bessser gwä.

En dr Lehr wirschd au bloß deckeld,
ond vom Moischdr rechd vrseggeld,
dr Lehrgsell honzd de bis uffs Bluad,
wia de au aschdrengsch, nex isch guad,
a Wuad em Bauch, an sodda Bolla,
und du muasch dem no s Veschbr holla.
S isch, wenn ih des richdig säh,
früher ällas besser gwä.

Ond noch Sauereia serfa,
hädd mr sicher au et derfa,
Computer hot s ja no et gebba,
oifäldig warad mir, wia Debba,
naiv, nix weide Weld ond so,
a mancher wär heud drüber froh.
S isch, wenn ih des richdig säh,
früher ällas besser gwä.

Noch dr Lehr an Hongerloh,
uff d Schdond siebzg Pfennig, s war hald so,
noch achd Schdond no Obschd uffgsammeld,
dass nex omkommd ond vrgammeld,
Rabbadmarka ens Büchle kleaba,
an jedan Pfennig brauchsch zom Leaba.
S isch, wenn ih des richdig säh,
doch et ällas besser gwä.

Maulad et, wenn e s euch sag,
ond genießad jeden Dag,
s kennd am End, des moin e fai,
ällas no viel schlemmer sai.

A Wedd

Die Freiwilliga Feuerwehr bei ons em Flegga isch aigendlich a luschdiger Haufa. Ond wenn mr noch de Übunga no a bissle zammahockd, wird au so mancher Schbruch do. Nadürlich gohd s au bei dene Manna emmer wieder amol om d Fraua, bloß dr Hebbe, also dr Herbert, der will no au gar nex drvo wissa. Mr woiß zwar et so gnau, worom er so weiberfaindlich aigschdelld isch, wia mr von am sechd, aber s isch hald so.

Er häb amol, hoißd s, als er so om de zwanzg gwä isch, a Fraindin ghed. A ganz hübsche, also koi so a …, so a … also koi sodda wia am German de sai. Von dem sechd mr ja, ob s schdemmd, woiß mr aber au et so gnau, von dem sechd mr, er häb se am Fasching kennaglernd. Er häb en saim Suff denkd, se sei vrklaidad ond maskierd, ond na sei s scho z schbäd gwä, wia er gmerkd häb, dass dui emmer so aussiehd.

Noi, so oina sei s et gwä. Em Gegadoil. Aber er sei na offasichdlich arg enttäuschd worda, bevor s so richdig ernschd worda wär. Ond seither häb er nix meh von de Fraua wissa wölla, obwohls Gelegahaida für ehn gnuag gebba hädd. Jetzd isch r dreiasechzg ond ain überzeugdr ond leidenschafdlicher Jonggsell. »Wega dem bissle Fraid muaß mr doch et glei heirada«, sechd r emmer, »mr kaufd sich doch au et glei a Kuah, wenn mr a Gläsle Milch trenka will.«

Was will mr do drgega saga, gell.

Ond na isch do no dr Simon. An und für sich a ganz ruhiger Zeitgenosse, der et viel schwätzd, wenn überhaupd. Sai große Liebe war seither sai donkels Woiza. Doch seit ama Johr hot r a feschde Fraindin, d Moni. Mr hot no et so gnau rausgfonda, wen er ärger mog, s donkle Woiza oder d Moni.

Jetzd d Moni hot genau gwissd, was se will. Se hot da Simon heirada wölla. Er wär ja au koi schlechda Partie. Saine Leud hend scho a Sach ghed. Ond d Moni hot an au ab ond zua onder Druck gsetzd. Ond se hot s scho au gar et leida kenna, wenn er älls noch de Kameradschafdsobend leichd azonda hoimkomma isch.

Nochdem dia Manna wieder amol noch dr Hauptfeuererwehrübung em Feuerwehrhaus em Besprechungszemmer zammaghockd send, sich von dr aschdrengenda Übung erhold ghed hend ond dr Simon en kürzeschder Zeid drei Woiza nabombd ghed hot, was na anschaindend sai schwerfälliga Zong a bissle glupfd hot, hot r zmol so diaf Lufd ghold, dass gschwend ällas ganz schdill war, ond na hot r a längere Rede ghalda.

»Ih heirad.«

S war emmer no schdill, aber älle hend an jetzd aguckd, wia wenn r vom a andara Schdern komma däd.

Dr Feuerwehrkommandand, dr Bührles Heinz, hot sich als Erschder wieder gfanga: »Ja, schbennsch jetzd oder isch dr dai Woiza en s Hirn nuff? Platz gnuag hädds jo.«

»Noi.«

»Was noi?«

»S Hirn nuff.«

Dr Josef: »Hot de d Moni endlich woich klopfd?«

»Noi.«

Dr Emil: »Muasch?«

»Noi.«

Dr Klaus: »Worom na?«

Dr Simon hebd d Achsla, langd noch saim Woiza ond schwätzd nex.

Dr Heiner: »Ha, des muaß doch an Grond han, dass du z Mol heirada willsch.«

Dr Rudi: »Wahrschainlich will hald d Moni.«

»Noi.«

Älle: »Et?«

»Noi, mir boide.«

Dr Josef: »Oifach so?«

»Ja.«

Dr Heiner: »Ha, des glaubsch doch selber et.«

»Doch.«

Dr Emil: »Wia lang send r zamma?«

»A Johr.«

Dr Klaus: »Ond? Klabbd s?«

»Was?«

Dr Klaus: »Ällas hald.«

»Noi.«

Dr Klaus: »Worom na?«

»Wie lang bisch du verheiradad?«

Dr Klaus: »Zwölf Johr.«

»Ond? Klabbd ällas?«

Dr Klaus: »Noi.«

»Siehsch.«

Dr Klaus: »Desweaga muasch du doch et dr gleiche Fehler macha. Mensch, sei doch froh, dass da no dai Freihaid hosch!«

Dr Hebbe: »Ih sag bloß, mr kaufd sich doch et glei a Kuah, wenn …«

Dr Simon schdohd uff, nochdem er s vierde Woiza tronka hot. Er muaß uffs Klo. Seine Kamerada diskutierad no hefdig weiter, weil se des scho au gar et glauba kennad, dass dr Simon jetzd uff oimal d Moni heirada will ond des au no freiwillig. Mr woiß jo, dass er gega d Moni normalerweise koi Chance hot. Dui hot an voll em Griff. Aber vielleichd brauchd er des jo. Do wär er et dr Erschd.

Dr Simon mog se offasichdlich so, wia se isch. Des isch ällas. Worom soll er se no et heirada? Se send jo au scho über a Johr zamma. Ond dr Pfarr hot an au scho druff agschbrocha, sai Vaddr sei ja a ehrenwertes Mitglied des Kirchengemainderates ond so.

Em Siggi fälld äbbas ai: »Send amol gschwend schdill. Ih han a Idee. Also«, flüschderd er, »wenn e des richdig seah, send mir älle dr Moinung, dass dr Simon et freiwillig heirada will, sondern dass er von de verschiedenschde Seida onder Druck gsetzd wird, agfanga bei dr Moni selber, über saine Leud ond da Kirchagemainderad bis zom Pfarr. Wenn mr onsern Kamerada redda wellad, miaßad mr jetzd äbbas drgegasetza, was schdärker isch als de ganz Frond, die sich gega dr Simon uffbaud hot.«

»Ja, aber was?«, frogd hilflos dr Fritz.

Dr Siggi: »Wer von euch kennd dr Simon am beschda? Manne, des miaßdasch doch du sai. Ihr send doch Nochbr ond mitanander uffgwachsa. Woisch et äbbas, mit dem mr onsern Kamerada redda kenndad?«

»Aigendlich et. Früher hot er ganz normal mit ons gschbield, no hat r d Schual gmachd, no sai Lehr, seit dr Lehr isch r bei dr Feuerwehr, seit r bei dr Feuerwehr isch, trenkd r a donkels Woiza, seit ama Johr kennd r d Moni. Also, er hot an geordnada Tagesablauf: Schaffa, Feuerwehr, Woiza, Moni. Von ama Hobby woiß ih nex, weiters furtganga duad er et ond was r mit dr Moni oder d Moni mit ehm machd, des woiß ih et, do siehd mr jo et drana, ond des gohd me au nex a.«

»Horchad her, horchad her«, ganz wichtig hot s uff oimal dr Peter, beugd sich bis en d Midde vom

Disch ond flüschderad halblaud, nochdem sich de andere au en d Midde vorbeugd hend, »mit dem Bier kenndad mrn vielleichd kriaga. Des isch s oinzige, was er no duad, au wenn s sai Moni et leida ka, Bier trenka. Bier isch sai Leidaschafd, do miaßd mr sich Gedanka macha. Ih glaub, für Bier däd der ällas. Aber billig wird des et, weil, des miaßd scho a entsprechends Agebod sai, damid er sich von de andere et aifanga lässd.«

»Des vrschdand e jetzd et«, moind zemlich aifäldig dr Dieter, der zwar a guader Ma am C-Rohr ond uff dr Drehloider isch, aber sonschd, ja guad, aber wenn s brennd, ka mrn braucha.

»Des han e mir glei denkd«, fährd dr Peter fort, »desweaga erklär e s ja. Also, mir bieadad ...«

Ond genau en dem Momend kommd dr Simon wieder vom Klo durch d Dür ens Zemmer rai. Er guckd. Mr siehd, dass er sich wonderd, weil älle wieder lautlos en ihr Ausgangsschdellung uff d Schdüahl zrückfallad, sechd aber nex, weil, do miaßd er jo s Maul drzua uffmacha ond des noch dene vier Woiza, des isch am oifach z aschdrengend. Er gohd liaber an Küahlschrank, hold sich a neus Woiza, s hot jo wieder Platz, hockd sich uff sain Schduahl, machd d Flasch uff ond schenkd sich ai. Er vrläbberd nex, do drenn isch er Profi.

»Ja, trenksch du nomal ois?«

»Han ih vielleichd a Messer ond a Gabel en dr Hand ond veschbr?«

»Mir machad jetzd Feierobend. Mir gangad glei.«

»Koi Problem«, sechd dr Simon, ond bevor no de andere ihre Schdüahl nuffgschdelld hend, hot dr Simon sai leers Woizagläsle scho en dr Schbüahle ond au no uffgraimd ghed.

Kaum isch dr Heinz drhoim, also dr Kommandand, ruafd dr Peter a: »Heinz, mach an Rondruaf, lass aber dr Simon aus, damid mr vollends schwätza kennad, was mr gega dui Hochzich macha kenndad.«

»Ih woiß et so reachd. Also ih glaub jetzd na au bald, dass r tatsächlich heirada will.«

»A, wa, der isch so onder Druck, der traut sich et ›Noi‹ saga. Ond wenn der erschd amol vrheiradad isch, na derf der nemme zur Feuerwehr. Des sieh e komma. So guad kenn e d Moni. Was glaubsch, worom der wohl so gschwend fenf Woiza nahaud. Des isch raine Vrzweiflung.«

»Woher kennsch du d Moni so guad? Hosch du au amol äbbas mit derra ghed?«

»Beinoh, s isch aber grad nomal guad ganga.«

»Eifersüchdig?«

»Saudomms Gschwätz. Mir gohd s bloß om dr Simon, den arma Kerle.«

»Wo sollad mr ons treffa?«

»Et bei ons em Flegga, des däd r schbitzkriaga. Am beschda, mr treffad ons en dr ›Alda Scheuer‹ en Hagabuach. Do kommd dr Simon nia na, des woiß ih gwieß. Am beschda obends ama Donnerschdag, so om de achde rom. Do isch r drhoim, do schaffd d Moni bloß an halba Dag.«

»Ha, du kennsch de aber aus bei dr Moni. War s was Ernschders?«

»Ih sags nomal, saudomms Gschwätz. Des woiß ih von maira Schweschdr. Des isch doch a Kollegin von dr Moni.«

»Also, am Donnerschdag am achde en dr ›Alda Scheuer‹ en Hagabuach. Ond du bschdellsch s Neabazemmer.«

»Isch guad, ällas klar.«

An sellam Donnerschdag warad älle en dr »Alda Scheuer«, bis uff dr Simon nadürlich. Se bschdellad äbbas zom trenka ond na fangd dr Peter a: »Mai Schweschder hot gsagd, dass am zehnda Mai d schdandesamtliche Trauung em Rothaus sei. Dr Schuldas däd s selber macha, der isch mit am Simon saim Vaddr befraindad. Also Folgendes: Mir machad bei dr nächschda Sitzung am Simon des Agebod, dass, wenn er uff de entsprechend Frog vom Schuldas, also vom Schdandesbeamda, ›Noi‹ saga däd, dass r na von ons Feuerwehrkamerada fenfhonderd Liddr Bier kriaga däd. Was moinad r?«

»Fenfhonderd Liddr? Ja, schbennsch jetzd? Was des koschd! Des trenkd doch der nia alloi, des wird doch mit dr Zeid schlechd«, proteschtierd dr Klaus.

»Schwätz et. Erschdens, wenn dr Simon em Schnidd an oim Obend, sagad mr amol wenig, zwoi Liddr trenkd, na isch em a dreivierdel Johr ällas weg. Ond so lang dauerd des et. Mir helfad am doch älle. Wia hoißd doch onser Motto? Einer für alle und alle für einen.«

Se hend na abgschdemmd, ond oiner noch am andara hot langsam dr Fenger nuff do, weil des Argumend, dass des Agebod lukrativ sai muaß ond se durchaus bei dr Bewältigung der Biermenge beteiligd werdad, scho überzeugd hot.

Bei dr nächschda Beschbrechung em Feuerwehrhaus send se na ohne große Omweg glei zur Sache komma.

»Also Simon, hosch dr des mit am Heirada reiflich überlegd? Woisch, mir, also daine beschde Kamerada, mir hend so des Gfühl, als ob des jetzd für di no et s Richdige wär. Überleg amol, was da do drfür ällas uffgebba muasch. Do isch na aus mit dr Freihaid. Do kosch na nemme do, wia drs grad bassd. Do isch na nex meh mit romhanga. Do hoißd s Haushald, Kender hüada, do gohd s hoim zom Weib, mai Liaberle. Des isch vielleichd am Afang schee. Aber uff Dauer?«

»Aber ih mog se hald.«

»Ja, jetzd no. Aber des lässd noch mit dr Zeid. Des isch hald a Weile schee, ond ih woiß, von was e schwätz«, widerschbrichd dr German.

»Aber mir hend scho dr Termin von dr schdandesamtlicha Trauung uff am Rothaus ausgmachd.«

»Do kosch au no ›Noi‹ saga, wenn de dr Schdandesbeamte frogd.«

»Aber des gohd doch et.«

»Des gohd scho, du wärsch et dr Erschde, der des machd.«

»A wa, des gibd s vielleichd em Film.«

»Ond dia hend ihre reale Drehbüacher, oder glaubsch du vielleichd, dass se so äbbas bloß erfonda hend? Des bassierd uff raine Tatsacha. Ond a raine Tatsach wär au, dass du dr Erschde wärsch, der fürs ›Noisaga‹ fenfhonderd Liddr Bier kriaga däd. Ond, was moinsch zu dem Agebod? Isch des vielleichd nex? Nomal, dass des au vrschdohsch: Du kriagsch von ons fenfhondert Liddr Bier, wenn da vor am Schdandesbeamda uff de entsprechend Frog oifach ›Noi‹ sechsch.«

»Fenfhonderd Liddr?«, frogd dr Simon nomal ogläubig noch.

»Fenfhonderd Liddr«, beschdädigd dr Peter mit todernschdem Gsichd.

No hot dr Simon sai Woiza austronka, isch uffgschdanda, hot s Geld ens Kässle nai do ond hot sich an dr Dür nomal zu saine Kamerada romdrehd: »Et liadrig. Mol seah.«

Er isch glei zom Schuldas ens Rothaus ond hot dem sai ganza Nod erklärd. Dr Schuldas war koi Gwöhnlicher. Der hot s fauschddick hender de Ohra ghed. Der war et omasonschd en saira vierda Wahlperiode. Des war so a richdiger Bauraschuldas vom alda Schlag, hot zu saim Landrad »du« gsagd, ob der wölla hot oder et ond war bekannd bis na en Landtag. Sogar an Landtagsausschuss, der amol a Besichtigungsreise durch dr Landkreis hot macha wölla, hot r so aigsoifd, dass se bei ehm en dr Frühlingsau so vrhockd send, dass mr de andere Flegga hot abtelefoniera und uff a anders Mol vrtröschda miaßa. S däd zeidlich oifach nemme nahaua. Bachschdoikäs en Essig ond Öl mit ama haufa Zwiebel druff, a frischs ond no warms Holzbackofabrod, an Brodbieramoschd ond an selber brennda Obschdler, ällas uff Koschda von dr Gmoind, warad so überzeugende Argumende, dass mr oifach hocka blieba ond schbäder wieder direkd noch Schduagerd gfahra isch, ohne dass mr no a zwoida Gemainde aguckd hot. Ond a mancher von dene Herra hot an scheena Balla em Gsichd ghed. Dass am Schuldas sai Gemeinde a Goldmedallie em Wettbewerb »Unser Dorf soll schöner werden« kriagd hot, muaß et obedengd mit dem Landtagsbsuach en an Zammahang brochd werda. Noi, noi, et obedengd.

Uff jeden Fall hot dr Schuldas sich am Simon sai Gschichd aghörd, hot drzua gschmunzeld, kurz nochdenkd ond na zom Simon gsagd: »Koi Angschd, Simon, des kriagad mr scho bacha.«

Sichdlich erleichderd isch dr Simon zu saira Moni, hot aber von derra ganza Sach nix gschwätzd. D Moni hot sich bloß am Hochzichsdag gwonderd, dass vor am Schdandesamt de ganz Feuerwehr vrsammeld war, was se ja aigendlich emmer erschd an dr kirchlicha Trauung machad.

Mr isch zamma ens Schdandesamt nai. S Trauzemmer war gschdeckd voll. Sogar uff am Flur send no d Leud gschdanda. Dr Herr Bürgermaischdr isch komma. Donkler Azuag, silberne Krawadd, würdevoll, dem Anlass entsprechend, hot de Braudleud ond de Trauzeuga d Hand gebba ond am kreidebloicha Simon aufmunternd zuagnickd.

D Moni hot gschdrahld über s ganze Gsichd, hot ihran Simon ganz feschd onderghokd, damid r jo et vrlora gohd. Schwoißperla send am uff dr Schdirn gschdanda, wia dr Schuldas gsagd hot, se kenndad jetzd uff dia boide bolschderde Schdüahl nahhocka, dia vor dem großa, donkla Schreibdisch gschdanda send. A schees Blumagschdeckle ond a schwarza Ledermabb send au no uff am Disch gwä.

S war mucksmäuslesschdill, wia dr Schuldas die Ledermabb uffgschlaga hot ond die Trauformel vorgleasa hot. A mancher hot sich scho gwonderd, dass sich dr Bürgermaischdr zerschd an d Moni gwendad hot. Wahrschainlich a neua Verfahrensregel vom Landratsamd, hot mr denkd, im Zeichen der Emanzipation.

»Ich frage Sie, Frau Monika Scheuerle, wollen Sie mit dem hier anwesenden Herrn Simon Wackernagel die Ehe eingehen, so antworten Sie mit Ja.«

»Ja!«, juchzgad d Moni überglücklich.

Dr Schuldas weiter: »Herr Simon Wackernagel, hend Sia äbbas drgega?«

»Noi, noi, noi!«, sechd dr Simon genau so überglücklich. Oimal hädd zwar glangd, aber en saira Fraid isch s oifach so aus am rausgschbrudeld.

Fenfhonderd Liddr Bier ond sai Moni no drzua, ja isch des vielleichd nex?

Frog et, was saine Feuerwehrkamerada für Gsichdr gmachd hend. Übrigens, s maischde Bier hot mr na noch dr kirchlicha Trauung doch mitanander tronka.

Schreibschwierigkaida

Ih sitz am Disch, was schreib e bloß,
a leers Babier, em Hirn nix los,
schreib e oder lass e s gau?
Aus dr Küche schreid mai Frau.

»Ma! Wo bisch? S Telefo schelld!
Dr Hond muaß naus, hörsch, wia r belld?«
Ganz leis mach ih mai Dür schnell zua,
ih will bloß no mai saubra Ruah.

Ih sitz am Disch, was schreib e bloß,
ond drussa isch dr Deifl los.
Bei so ma Krach kosch de et bsenna,
dr Gockel krähd noch saine Henna.

Idyllisch sodd mr des jo seaha,
dr Kraga kennd am grad romdreaha.
Uff oimal duads an allmachds Schlag
ond d Dür fahrd uff, ja, jetzd wird s Dag.

»Ja, sag amol, wo bisch denn bloß?
Was isch denn aber au heud los?
S hebd hend ond vorn, ih ben s jetzd loid,
du hocksch ond drucksch dr Hendra broid.«

»Ih will hald au für mih was do,
was schreiba, dichda oder so.«
»Was? Dichda willsch?«, sechd druff mai Frau,
»dr Hahna tropfd, den sodd mr au.«

Kaum dass dich die Muse kissd,
wirschd du überall vrmissd.

Hochzichsfeier

A Hochzichsfeier isch doch äbbas Schees. Ällas fraid sich mit dene zwoi, dia sich do gfonda hend. Ond d Fraid isch groß. Ond d Vrwandtschafd isch groß. Ond dr Fraindeskrais isch groß. Ond so kommad an Haufa Leud zamma, dia sich mit dene zwoi fraia wöllad. Ond koschda duads dia jo au nex. S Fraia ond dr Nochmiddag ond dr Obend em Hirsch en Sulzgrias. Ond des bissle Gschenkle, ha des hot mr leichd wieder henna.

Ja, guad, also ganz so oifach war des ällas et, Ende dr Sechzigerjohr, bis se hot heirada derfa. Also derfa, et miaßa. Ih vrzähl von maira Lieblingsbas, von maira Bärbel.

Se hot an scho a ganz Weile kennd, hot aber no nex gsagd ghed drhoim. Ond ihr Vaddr, mai Dödle, war en sodde Sacha au et ganz oifach.

Aber irgendwann isch s na doch rauskomma, dass se wahrschainlich an Fraind häb, wia d Klara von dr Bergschdroß zom Mandas gsagd hot. Se häb, aber se kenn sich nadürlich au deuscha, weil se s bloß kurz ond na au no von henda gseah häb, se häb d Bärbel wahrschainlich vielleichd mit ama jonga Ma Arm en Arm d Neckerhalde nuffschiaba säh, so en d Wengerd nai ond so. Also, sie moin älls, sei d Bärbel gwä mit ihre … ond no hot se ganz genau beschrieba, was se aghed hot, so dass überhaupd koin Zweifel meh hot gebba kenna, dass des d Bärbel war.

D Klara war scho a schaihailigs Mensch, a henderlischdigs. Ond vrwandt mit ons ond neidisch war se au no. So ain Riaschdr. Mai arma Bärbel.

Prompd hot se na ihr Vaddr beim Nachdessa dra zur Rede gschdelld, vorsichdig, fainfühlig, wia er hald war: »Hosch du an Kerle!?«

Dr Bärbel isch beinoh s Veschbrbrod em Hals schdecka blieba, so ovrmiddeld ond scharf, wia des rauskomma isch.

»Wa…, wa… , was?«

»Ob du an Kerle hosch? Hörsch du schlechd?«

»Ih han koin Kerle.«

»Also hot me d Klara agloga.«

»D Klara. Dui alda Mischdamsel. Ih hädd mrs denka kenna.«

»Sechd mr au Mischdamsel zur engschda Vrwandtschafd?«

»Zu derra scho.«

»Also hosch doch an Kerle. Worom liagsch me na a?«

»Ih han koin Kerle, ih han an sehr nedda junga Mann kennaglernd ond mir send jetzd a bissle befraindad.«

Mai Dande drzwischa, weil s ihra so langsam peinlich worda isch, weil, se hot ja scho a bissle äbbas

gwissd, wenn au nix Gnaus: »Kenndad mr et nochher
en äller Ruah drüber schwätza, dia Würschdla werdad
jo kald.«

»Ih will wissa, was do laufd!«

»Was do laufd oder et, isch ganz alloi mai
Sach.«

Mai Dödle, a bissle lauder: »Solang du daine Fiaß
onder main Disch …«

»Ja, ja, ja, isch ja scho guad.«

»An andara To!!!«

D Dande beschwichtigend: »Jetzd lass se doch en
Ruah. Se isch jo ald gnuag drfür.«

»Was hoißd do ald gnuag drfür? Für was aigend-
lich? Ih werd doch als Vaddr erfahra derfa, mit wem
sich mai Frailain Dochdr so romtreibd! Oder isch des
vielleichd a Vrbrecha?«

»Ih treib me et rom!«

»Wia hoißd mr na des, wenn mr hälenga mit
ama jonga Kerle d Neckrhalde nuffschleichd ond
en d Wengerd naidabbd? Arm en Arm! Du wirsch
doch et behaupda wölla, dass r noch de Trauba
guckd hend?«

»Noi.«

»Was Noi?«

»Mir send et gschlicha ond hend et noch de Trauba
guckd.«

»Was na?«

»Babba.«

»Nex Babba!«

Mai Dande hot jetzd gnuag ghed: »Jetzd langd s aber, Ma! Du hosch domols au et emmer bloß noch de Trauba guckd!«

»Des war äbbas anders. Ih war domols achd Johr älder als du ond han scho gwissd, was e derf ond was et.«

»Der au.«

»Was, der au?«

»Der isch au älder als ih ond ih sag am na scho au, was r derf ond was et.«

No war s gschwend ruhig. Mai Dödle hot an Schluck Moschd zua sich gnomma ond hot no vrsuachd, saim Problem uff ara andara Ebene Herr zom werda: »Was machd der, wenn r et grad mit maira Dochdr en Wengerd dabbd ond rombussierd?«

»Der schaffd beim Adler.«

»Was? Lombahändler isch r au no!«

»Noi, et en derra Wäschefabrik. Er isch bei derra Schreibmaschinafirma.«

»Als was? Typaputzer oder Farbbandflicker?«

»Noi, der isch em Außadienschd. Dia machad au Regischdrierkassa ond dia repairierd er vor Ort, wenn amol oina heganga isch.«

»Des wird so a Klebberlesfirma sai. Isch do überhaupd äbbas vrdiend? Ka mr domid a Familie ernähra?«

»Der hot no koi Familie, die er ernähra muaß.«

»Des däd grad no fehla!«

D Dande: »Ma, jetzd iss doch amol äbbas, des wird ja ällas kald.«

»Mir isch dr Appetid vrganga, ih han koin Honger meh. Hot r a Haus?«

»Noi.«

»Hot r wenigschdens an Bauschbarvrtrag oder a Leabensvrsicherung?«

»Ih woiß et. Do drüber hend mir no überhaupd et gschwätzd.«

»Ja, über was schwätzad ihr no dr liabe lange Dag? Hot r a Audo?«

»Ja.«

»An Daimler?« (D ganz Vrwandtschafd hot beim Daimler gschaffd.)

»Noi, an Opel. A Gschäfdsaudo.«

»Oh je. Wo kommd der aigendlich her?«

»Aus Olpe.«

»Woher?«

»Olpe.«

»Des isch doch en Hessa.«

»Noi, em Sauerland.«

»Ja, sag amol, du Henna, hot s dir aigendlich koin Schwoba glangd?«

Nochdem mai Bas Bärbel d Dochdr von maim Dödle isch ond von ehm offasichdlich dr Dickkopf gerbd hot, hot se letschdendlich doch ihran Willa durchgsetzd, obwohls jetzd für main Dödle so a Ard Migrandaproblem en dr Familie gebba hot. Muaß der aus Olpe sai. Wia wenn s en Rüdern, Sulzgries oder Krommaacker et gnuag Kerle gebba däd. Er hädd zur

Not au no oin aus Uhlbach oder Esslinga akzeptierd, aber aus Olpe! Des kenn er zwar et persönlich, aber wenn oiner von dort oba drvolauf, na wird des scho sain Grond ghed han. Dass sai Dochdr dr alloinige Grond sei, des hot am et en Kopf nai wölla. Do miaßd scho no äbbas anders drhenderschdecka. Aber, mr werd na scho seah. Uff jeden Fall kenn mr ehm koin Vorwurf macha. Er häb rechdzeidig drvor gwarnd.

Ond trotz ällam send am nochher en dr Kirch vor Rührung d Träna über d Backa gloffa, wia sai Bärbale mit dem wildfremda, jonga Ma zom Altar gloffa isch, wenn au a bissle orond, weil dia neue, weiße Hochzichsschuah fürchderlich druckd hend. Noch dr Hochzichszeremonie hot se et bloß an neua Ma, noi, se hot sich au no a neua Blodr am rechda Fersa aighandeld ghed.

Solang no d Leud noch dr Kirch am frisch vrmähl-da Brautpaar vorbeidefilierd send ond gratulierd hend ond drbei dr Braud uffs Bäuchle guckd hend ob ..., woiß mrs?, hot dr Babba schnell hoimfahra miaßa ond dr Braud ihre alde, rode, ausgladschde Salonschläbber holla miaßa. Dia hend zwar absolut et zom sonschdiga Erschainungsbild von dem hübscha Bräudle bassd, aber des war maira Bärbel so egal wia des auffällig oauffällige Muschdara von dem halba Ausländer, den se do agschloifd hot. Obwohl, so ganz schlechd ausseaha däd er ja et grad, schlank, groß, fraindlich zu de Leud, älder sei er zwar au, aber mr kenn ja et emmer auf s Äußere ganga.

Ond na isch mr nom en Hirsch gloffa. D Leud hend aus de Fenschdr guckd, dr Ellaboga uff am Kissale, des uff am Fenschderrahma als Pölschderle gleaga isch, ond en dr andara Hand a Daschadüachle zom wenka.

Em Hirsch war so a ogmiadlicher, schmuckloser, alder Saal aus de Zwanzgrjohr, mit hohe, vorhanglose Fenschdr ond gschmacklose Milchglasscheiba, dia en so Rechdeck aidaild warad, wobei dr Fenschdrkidd mürb ond dailweis onder dia allmachds Heizkörper onder de Fenschdr nonderbröseld war. D Heizkörper warad amol weiß, aber em Lauf dr Zeid hend se sich gelblich vrfärbd, warad emmer vrschdaubd, ond d Aschlüss warad mit ara grüna Patina vrzierd, weil s emmer a klois bissle raustropfd hot. Deshalb hot sich jo au der billige ond rohe Parkettboda an dene Schdella a bissle noch oba boga. A Geologe däd saga, des isch dr Schdalakmiddaeffekd.

An dr Schdirnseide war a kloina Bühne, die a bissle rausbaud war. An de Seida rechts ond lenks warad Trebbala mit drei Schdufa dro, dass mr bei de Vorträg au vom Saal aus an den Rednerpuld nuffkenna hot ond et de ganz Bühne mit dem staubiga ond bläulich vrschossana Vorhang hot uffmacha müaßa.

Zwoi Meder hoch nuff warad d Wänd mit ara donklbrauna Ölfarb gschdricha. A mancher weiße Flerra en dr Wand hot vrzähld, dass en dem Saal scho einiges abganga isch. Dr Reschd noch oba ond d Decke warad ursprünglich au weiß gschdricha. Des Ganze isch aber au so langsam en a dreckigs Graugelb überganga. An de Ecka vom arg ramponierda hölzerna Saalaigang send Wasserflecka vom a Owedder gwä ond hend leise vor sich na gschemmeld.

Kugellamba an lange, roschdige Eiseschdanga send von dr Decke ronderghengd ond hend mit ihre Fenfazwanzigwattbirnla, von dene jede zwoida scho ihran Geischd uffgebba ghed hot, so a gmiadlichs Lichd vrbroidad, wia mrs von de alde Bahofswardesäl noch am Kriag no kennd hot.

Mr isch uff am Land. Ond wo Landwirtschafd isch, gibds Mucka, ond deshalb send von dene eiserne Querstreba, mit dene mr vrsuachd hot, de Außawänd a gewisse Schdabilität zu vrleiha, malerische Muckafänger ronderghengd. Wobei a Muck scho gnau hot ziela miaßa, wenn se no a freis Plätzle hot fenda wölla.

Fenf lange Dischroiha für honderdzwanzig Leud hot mr uffgschdelld, ond do, wo s Brautpaar hocka soll, nämlich vorna en dr Midde, isch a allmachds Blumavas mit ama abschdrackda bunda Müschderle vom a vrgessana Künschdler druff gschdanda. A Feldblumaschdräußle en derra Vas hot om Hilfe gschriah, weils schier drenn vrsoffa isch.

Vor dr Bühne hot mr no a bissle Platz zom Danza glassa ghed.

Ganz gschickd war des Räumle, des mr en die Holzvrklaidung von dr Bühne uff dr lenka Seide aibaud hot. Von vorna hot mr nex gseah, weil mr dr Aigang drzua auf d Bühneseide glegd hot. Des Räumle hot mr zom Omziah von de Künschdler gnomma ond als Reschieraum ond als Sufflörkaschda.

Dia, die nex drvo gwissd hend, hend sich ofd scho gwonderd, wer emmer en des Schdück naischwätzd, obwohl von dr Laiaschbielgruppe no koiner s Maul uffdo hot.

Jetzd, an Beerdigunga, beim Leichaschmaus, bei Däufana, Jubiläa oder Hochzeida hot mr Disch naigschdelld ond auf dene selber backene Kuacha zwischaglagerd.

Mir Jonge hend des bald schbitzkriagd, ond d Eltern hend sich na emmer gwonderd, woroms ons scho vor am Middagessa et ganz guad war. Se hend ons ja vom Saal aus et seaha kenna, wenn maine Vedderla ond ih von dr Bühneseide aus hälenga en des Räumle send.

Nochdem dr Walter, der scho hot schreiba kenna, weil er en de zwoid Klass ganga isch, en a Kremdord des Word »Sau« naigrubeld hot, hot mr des Räumle abgschlossa.

Also mr siehd, insgesamd isch dr Hirschsaal ideal geeignad für Feschdlichkaida jeglicher Ard, ond des bissle, was et ganz so schee isch, ka mr mit de vrschiedenschde Hilfsmiddel a bissle überdecka. S machd bloß koiner, weil mr richdad den Saal jo et omasonschd für dia na, dia drnoch a Feschdle feirad. So weid kommd s no.

Zur Hochzeidsfeier selber: Dr Hochzichszug triffd ai. Dr Saal ond dr Gschenkdisch fülladd sich.

»Ja, isch des a schees Bräudle gell, onser Bärbel, gell, wer hädd au des denkd. Woisch no, ha des war doch erschd, wia se mit ara Rotzglock ond uffghaglade Knui d Bergschdroß nagsaud isch. A Bua hädd se werda sodda. Ond jetzd, ja kosch do au no? A Bräudle, ond was für a schees. Ond dr Bräudigam, ha Narr, der machd doch au äbbas her. Moinsch et au? A sauberer Kerle, au wenn r koi Schwob isch. Häddsch du des denkd, dass onser Bärbel amol so an schdaddlicha Ma kriagd? Hoffentlich hebd s. Isch se aigendlich scho … oder moin ih des bloß, weil des Hochzichskloid so abschdohd? Des wird hald gschdärkd sai, denk ih amol.«

So schwätzad d Nochbr, dia mr nadürlich au hot ailada miaßa. Mr will ja au koin Ofrieda. Gschwätzd wird sowieso gnuag, ond nochgrechnad hot mr au scho, bis wann s so weid sai kennd.

Ond na suachad d Leud sich a Plätzle raus. Ond des dauerd. S will ja et obedengd jeder neaba jedem hocka ond des au no dr ganze Obend. S langd, wenn mr scho uff am gleicha Feschd sai muaß. Worom hot mr dia überhaupd aiglada?

Je näher mr beim Brautpaar hockd, desto größer isch d Ehr. Von doher hädd mr em Kreis hocka sodda ond s Brautpaar en dr Midde. A baar send jetzd sicher scho vor am Essa narrad. Obwohl, dene zwoi isch des so was von egal, wer neaba wem hockd. Dia hebad sich an de Händ ond schdrahlad sich a. Ond so muaß jo au sai.

Schdüahl werdad vrruckd ond irgendwo drzwischaklemmd. D Fraua hengad ihre Handdascha über d Schduahllehne ond d Manna machad dr Kiddel uff, damid beim Nohocka d Knöpf et wegfatzad. Bei manche wenigschdens. S wird warm em Saal bei dene viele Leud. Ond laud isch s. Älle schwätzad uffananander nai ond koiner hörd zua. Ond d Kender nützad s aus, dass se heud et so onder dr Fuchdel von ihre Eltern schdandad ond sauad wia azonda durch dr Saal. Es herrschd des übliche Hochzeitsfeierdurchanander, wia mrs kennd.

Noch ogfähr ara halba Schdond, nochdem a jeder sain Platz gfonda ond mr s Wichdigschde ananander vorbei gschwätzd hot ond dia Thema langsam ausganga ond vom aufkommenda Honger abglösd worda send, doilad dia Helferinna vom Hirsch – a glernda Bedienung wär z deuer – d Subbadeller aus. S wird hörbar laiser. Ond na kommd uff jeden Disch a allmachds Subbaschüssel. Was gibd s? A Hochzichssubb mit Pfeiserla oba druff. Wia sich s ghörd. Ond na wird glöffeld, dass a wahra Fraid isch. Übrig bleiba duad nex. Dr Honger treibd s nai.

S Trenka schdohd uff am Disch. Des isch gfährlich. Du glaubsch et, was en d Leud naigohd, wenn s nex koschd.

D Haupdschbeis au wia erwarded: gmischda Broda, Schbätzla, Krokedda, a Gmiasbladd ond viel Soß. Ond zom Nochdisch gibd s a gmischds Eis.

Zrückganga duad et viel, egal, wie viel uff am Disch schdohd. Mr hot sich druff aigrichdad. Des oine oder andere Plaschdiggüggle oder Emailschüssale wird hälenga aus dr Handdasch zoga, gfülld ond wieder eipackt. Mr will ja schließlich et, dass äbbas übrig bleibd ond de Säu vrfuaderd wird. Für dr Kuacha schbäder hot mr vorsichtshalber no a Budderbrodbabier mitgnomma, des feddad et so durch.

S isch oifach schee, so a volle Hochzichsdafel, wia d Leud zfrieda send, sich noch am Essa wohlig s Maul abbutzad, sich d Bäuch hebad ond d Aushilfsbedienung leise frogad, ob se et irgendwo no an Obschdler zur Vrdauung romfahra häddad.

»Send Se au sadd worda?«, frogd se no dr Guschdav, der noch dem Schnaps gfrogd hot.

»Des Gfühl ›sadd‹ kenn ih gar et. Entweder han e Honger oder mir isch schlechd.«

»Mensch, Ma, trenk doch et so viel. Jetzd hosch erschd a Woiza ghed ond drei Vierdala Rodwai. Ond jetzd au no an Schnaps!«

»Koi Alkohol isch au koi Lösung«, moind der bloß ond kippd druff sain Obschdler na.

Noch am Middagessa ond vor am Kaffee lösd sich dr gröschde Doil dr Hochzichsgsellschafd uff ond gohd naus. Mr machd no an kloina Verdauungsschbazier-gang. Em Guschdav wär jetzd sai Sofa drhoim lieaber als des bleede Omanandergedabbe.

»Komm, Ma, schdand uff, des schadad dir au nex.«

»Muaß des sai? Ih han a Luschd zom dabba wia a doder Hond zom bella.«

Seine Schbrüch nützad am heud nix. Er muaß mit, ob er will oder et, ond vor de Nochbr will r sich au nex nochsaga lassa, obwohls ehm em Grond gnomma grad egal wär, was dia denkad.

S hot sich aber im Nachhinein au für dr Gusch-dav glohnd. Se send naus en d Wengerd ond vor dene Wengerd en dr Neckrhalde send scheene Schdreu-obschdwiesa. D Frieda, a Nochbere vom Guschdav ond so a richdiga Schlabbrgosch, die er überhaupd et leida ka, weil se emmer an Kommentar drzuagebba muaß, au wenn se von äbbas scho au gar nex vrschdohd, duad mit Händ ond Fiaß uff sai arma Berta nai, dia a ganz schdills ond liabs Weible isch. Ond drbei merkd se et, dass von ama alda Zwetsch-gabaum a Aschd zemlich weid en des Schbazierweg-le naihangd. Er hädd se jo warna kenna, weil r s komma seah hot, was bassierd. Hot r aber et. Scho mit Fleiß et. Ond so bleibd d Frieda mit ihram Hoorwerk en de Äschdla hanga, s lupfd ihr d Perück vom schüttara Haupdhoor ond dui hageld genau em Frieder saim Rauhoordackale vor d Fiaß. Der schnabbd sofort den angreifenda Faind, so muaß mr des mit de Auga vom a Hond hald seah, ond saud

mit saira Beude nai en d Wies, wo er se na heftig vrschüddeld. Er lässd se na liega, weil se sich et wehrd, hebd voller Verachdung sai Henderfiaßle ond sechd drmit dem hooriga Ungeheuer, was r von am häld.

Dr Guschdav hot sich schier nemme kriagd. Von so äbbas ka er no lang zehra.

Nochdem d Frieda noch dem Schrecka wieder Lufd kriagd hot, hot se dr Frieder agschriah, er soll gfälligschd uff sein Sauhond, sain elendiga, uffbassa, schdapfd en d Wies nai, holt die arg vrrupfda Perück ond gohd em Schdechschridd grußlos dr Weg zrück ond wieder hoim.

Zom Kaffee war se wieder do. Se will sich jo nex nausganga lassa. Jetzd hot se d Ersatzperück uff, wirkd dodurch aber au et scheener.

Älle, dene koi Gschenk aigfalla isch, hend an Kuacha bacha. Ond do kommd fai was zamma bei so viel Leud: Apfel-, Kirscha-, Zwetschga-, Rhabarber-, Träubleskuacha en de verschiedenschde Ausführunga, Krem- ond Sahnedordana in alle Variationa, belegde Kuacha mit ällam, was dr Wochamarkd hergibd, Nusskränz, grührde Kuacha, Hefezopf ond Hefekranz mit ond ohne Mugga, Sahnerolla, Wendbeudl, Blädderdoigschdückla, Schneckanudla, Marmorkuacha, Käskuacha, Gugelhupf, Bienaschdich, Mandelond Mohnkuacha ond Flachszöpfla ond was woiß ih no ällas. S maischde han e glaub.

A fenf Meder langa Kuachatheke hots nagebba. Se ka au länger gwä sai. Ond nochdem s Brautpaar die Theke eröffnad hot, maira Bärbel wär a Glas saure Gurka lieaber gwä als des siaße Glomb, et weil se schwanger gwä wär, noi, se isch hald koi Kuachaessere. Aber d Leud send uff dia Kuacha nai, wia wenn s no koi Middagessa gebba häd, ond send mit zwoi, drei Schdücker Kuacha wieder rechd zfrieda an ihran Platz.

Mr hot vorsichdshalber no a baar Kuacha em Regieräumle zrückbhalda, weil des Sidde isch, dass mr noch dr Hochzich no des oine oder andere Schdückle Kuacha mit hoim kriagd. Des hot na den Vordail, dass nex übrig bleibd.

Ond na sauad dia Helferinna mit de Kaffeekanna durch d Roiha, Tee hot domols koiner wölla. D Kender hend an Kakao kriagd. Der machd äbbas her, wenn mrn über a weiß Sonndigshemmadle oder -blüsle schüddad.

Zu der Zeid, wo mai Bärbel gheiradad hot, isch au dr koffeinfreie Kaffee uffkomma ond uff oimol hend s an Haufa Leud am Herz ghed. D Gertrud, a Helfere, hot als oinziga a rode Kaffeekann ghed, wenn äbber an koffeinfreia Kaffee hot wölla. S war aber dr gleiche Kaffee drenna wia en de andere, weil dr Wirt von dem neumodischa Glomb nix hot wissa wölla, des sei bloß Geldmacherei, koschd mai ond hilfd nex. Aber d Leud warad zfrieda, hend den Kaffee älls globd, weil r schmecka däd wia an richdiger. S hot au koiner an dem Nochmiddag irgendwelche Herzbeschwerda kriagd. Do drfür war dr Kaffee au z denn.

Et, dass d Kender bloß amol a bissle äbbas vrschüddad. Des bassierd de Erwachsene genauso, vor allem, wenn so eng beschduhld isch wia bei derra Hochzich von maira Bas. So a Helfere wird beim Aischenka von henda a bissle gschuckd ond schüddad deshalb maira Großdande Margred a bissle äbbas über ihr gschmackloses Kloidle na. D Margred, koi Guada, fährd na dui arma Helfere a, dia jo aigendlich nix drfür ka: »Kasch et uffbassa, domms Luadr!«

Ond bei ihram Ma, der ihr gegaüber hockd, beklagd se sich: »Ma, jetzd guck bloß amol do no, jetzd seh e aus wia a Sau.«

Der guckd bloß kurz auf, weil r grad sain Hefezopf en Kaffee naidonkd ond sechd: »Ond triald hosch au.«

Noch am Kaffee derf s Brautpaar d Gschenkr auspacka. S maischde send ausgschbrochene Gschmacklosigkaida, die dia jonge Leudla oauspackd dr nächschda Weihnachtstombola vom Schützaverrai ond vom Kegelclub schdifdad. S hot au nedde Gschenkr drbei: an rosaroda Zauberschdoi, der sich blau vrfärbd, wenn s drussa regnad; a Mäneken-Piss-Figur als Rauchvrzehrer; a Birkabaumscheib mit ama naibrennda Schbruch für dr Hausflur:

Lieber im Wald bei einer wilden Sau,
als zu Haus bei einer bösen Frau.

Ond was woiß ih no ällas.

S Brautpaar bedankd sich artig, au wenn s schwerfälld, ond na kommd oiner en Saal gschdiefeld em a Trachdaazug, mit Haferlschuah ond so ama Kropfbändel onderm nuffbogana Hemmadkraga von saim Leinehemd, des mit ama Muschdr aus dr Landwirtschafd beschdickd isch. En saim roda Gsichd sitzd a Nos, die weder Form noch Farb vom übermäßiga Genuss von Sauerwasser hot, ond dronder a Bärdle, des so schüdder ond löchrig isch wia des Hondedebbichle vom Frieder saim Rauhoordackale, des offasichdlich amol ama Schwarm Modda als Feschdmahl diend hot. Sai Trachdahuad hot des gesamde Erschainungsbild au et sonderlich aufgwerdad, hot aber dankenswerderweise sei schlechd sitzenda, blauschwarz glänzende, ölige Frisur wenigschdens dailweis vrdeckd.

»Ka mr amol äbber helfa?!«

D Einmannkapell isch aitroffa ond mr sodd saine zwoi Laudschbrecher, s Mikrophon ond sai Elektronikorgel aus am Audo holla ond uff dr Bühne uffbaua.

Ond na blosd s, pfeifd s, hämmerd s aus de Laudschbrecher, dass koiner meh äbbas vrschdohd ond dass oim d Ohra wai dend. Irgendwann aber klabbd s doch ond d Einmannkapell fangd zom schbiela a. Se ka sich au neabaher mit am Heiner onderhalda, weil des Geräd faschd von alloi schbield.

Mr hot sich scho gwonderd, worom s dr Heiner mit dr Musik so wichdig hot. Nochdem des Liad aus isch, woiß mrs.

A Tusch, dr Heiner nemmd des Mikrophon en d Hand ond klopfd druff, dass älls Schläg duad ond no blosd er au no drenai, dass s duad, wia wenn da neaba ara alda Dampflock schdohsch, die ihren Qualm durch sämtliche Ventil nausdruckd.

»Duad s?«

De maischde nickad, dr Guschdav sechd s am: »Ja, leider.«

Ällas lachd. Unbeirrd fährd dr Heiner fort: »Liebes Brautpaar, liebe Bärbel, lieber Hans, liebe Hochzichsgäschde, meine sehr vrehrden Damen und Herren, ich mechde den frisch Vrmählden ain selbschd verfassdes Gedichd mit auf ihren gemainsamen Läbensweg gäben.«

Zwoi, drei klatschad ond oiner lalld aus de hendere Roiha a grad no vrschdändliches »Bravo«. Ond na schdelld sich dr Onkel Heiner en Positur. Dr rechde Fuaß a bissle noch vorna, dr Zeddel mit am Gedichd am ausgschdreckda rechda Arm ond dr Kopf mit dr Lesebrill uff dr Nosaschbitz so weid als möglich noch henda. So kommad au seine Schilddrüsa besser zur Geldung. En dr lenka Hand hot r s Mikrophon, des so langsam Hüfdhöhe erraichd. Ond na fangd r a, am Mikrophon vorbei: »Liebe Bär…«

»Sia miaßad en s Mikrophon schwätza«, kommd s von henda, von dr Einmannkapell.

»Ha?«

»Sia miaßad s Mikro…«

»Was isch?«

»S Mikro.«

»Ja, ja, ih woiß.«

»Also, hochheba.«

»Isch ja guad. Maine liebe Bär …«

»Vor s Maul …«

»Was isch denn no?«

»Direkd vor s Maul.«

Ond na fangd r a.

»Meine liebe Bärbel, hochverehrter Bräudigam Hans!

Wenn ich eich heid so sitzen sähe,
tut es mir drin im Herzen wehe,
die Jugendzeid ischd jetzd vorbei,
dir ischd das, Bärbel, sicher auch nichd nei.

Ich säh dich noch als Kindelain in Wiesen,
Blümelain zupfen, mich sehr fraindlich grießen,
ich schdand am Wegesrand von dieser Wiese,
und erwiderte die Grieße.

Nun wirschd du schon vielleichd demnächschd
    zur Frau,
wie früher mal deine liebe Mutter auch,
hab kaine Angschd nichd, liebe Bärbel main,
es wird schon nichd was Schlimmes sain.

Ihr seid nun zu zweid und nichd allain,
das wird, so hoffe ich, nichd immer so sain,
vielleichd seid ihr ja auch mal drei,
das machd nichts, nein, das derf so sai.

Wie schön ischd doch ain Mutterglück,
denked Bärbel und auch du, Hans, an früher
    zurück,
wie es bei eich war, damals, vor langen Zeiten,
wie viel Glück durfted ihr doch damals erleiden.

Machd es dann doch ebenso,
und mached eure Kinderlein froh,
genießed diese haitren, schönen Zeiten,
denn im Alter muss man dann doch leiden.

Nun werded ihr gemainsam älder,
hoffentlich noch lang und nichd schon bälder,
und beißed nichd zu früh ins Gras,
eier Onkel Heiner Auperle wünschd euch das.

Danke für die geschätzde Aufmerksamkaid.«

Tusch aus dr Laudschbrecheralag, vrainzeld klatschad a
baar, ein letzschdes »Bravo« aus dr hendara Roih. S wird
weidergschwätzd, weil mr grad äbbas vrschdohd, doch
kaum isch dr Heiner honda, dröhnds wieder aus dr
Laudschbrecheralag: »Maine Damen und Herren, das
nächschde Lied ischd wieder mit Musik, weider gohd s,
Tanzrunde!«

Ond so mancher wird von saira Partnerin vom
Vierdale weg uff d Danzfläche zoga ond dord gibd s
na a Geschieabe ond a Gedrucke. Hosaauffschläg
werdad nadrabbd, Ellaboga en a fremd s Kreuz
druckd ond dene, dene mr uff d Fiaß dabbd isch, siehd
mrs an de schmerzvrzerrde Gsichdr a.

Dr Onkel Heiner laufd am Guschdav, am Familiako-
miker, vorbei ond der hebd an gschwend am Ärmel:
»Du Heiner, gell du dichdasch gern.«

»Ha, freile«, schdrahld an der ganz schdolz a.

»Worom lernsch s na et?«

Dr Heiner reißd sich voller Wuad vom Guschdav los, der sich schier nemme kriagd ond über sain oigana Schbruch lacha muaß, ond gohd mit hochrodem Kopf uff sain Platz zrück. An dem Obend hot mr nix meh von am ghörd, obwohl er no den oina oder andara Vers in peddo ghed hädd.

Gega achde gibd s na s Nachdessa: Brodwürschd, Soß vom Middag, Kardoffelsalad ond Wegga. Dr Allainunderhalder vrwaigerd s Nachdessa, weil er koine Brodwürschd meh seah ka, weil r bei jedara Hochzich oder bei jedam andara Feschd Brodwürschd vorgsetzd kriagd. Er gohd nom en d Wirdschafd ond issd an Roschdbroda.

Noch am Nachdessa gibd s Platz em Saal. De maischde hend ihr Gschenkle wieder henna oder kriagad nex mai na. Kuacha wird aipackd ond mitgebba. D Einmannkapell sitzd zemlich einsam uff dr Bühne rom. Kaum oiner danzd meh, bloß no dr Disch mit de gleiche Hocker wia emmer isch besetzd ond no gohd des junge Brautpaar zu maim Döde und zu maira Dödesbäs, also zu de Brauteltern, die sich mit ihre Gegaschwiegr aschweigad, weil se sich aigendlich et vrschdandad ond des ka mr wörtlich nemma, weil en Olpe schwätzd mr hald a bissle anders.

»Du Babba, dr Onkel Willi wardad scho drussa em Audo uff ons. Mir vrschwendad jetzd ganz leise, woisch, mir miaßad no packa, weil mr doch morga früah en Urlaub fahrad, en d Flidderwocha noch Italia.«

Mai Dödle hot des no gar et vrinnerlichd, dass sai Dochdr nemme onder saira Kuradell schdohd ond schbädaschdens om elfe drhoim sai muaß.

»Ja, wia? Ja, was? Urlaub? Italia? Ja bleibad ihr etwa über Nachd?«

Se hot am na schnell an Kuss uff dr Backa druckd, d Mamma en Arm gnomma, ihren Hansel gschnabbd ond weg warad se.

De letzschde Gäschd ond Hocker hend des gar nemme gmerkd ond hend jetzd scho so viel intus ghed, dass mr se getroschd philosophiera ond politisiera hot lassa kenna, ohne dass mr hot Angschd han miaßa, dass se no Händel kriagad. Zuahöra hot en derra weltbewegenda Diskussio sowieso koiner mai kenna. S hädd au koin Werd ghed, weil koiner meh gwissd hot, woroms en derra Diskussion überhaupd gohd.

S gohd hald nex über so a harmonischa Hochzichsfeier.

Dr Glockaturm von Bleaschba

(Pliensbach bei Zell u. A.)

En Bleaschba hot mr an Glockaturm baua wölla, weil, a Kirch hot s koina glangd, do drfür hend z wenig Leud en dem kloina Weiler gwohnd. Ond von dene paar warad de maischde au am Sonndig em Schdall, uff de Felder, uff de Äcker oder en de Gärdla, weil, d Natur frogd et, ob s Sonndich isch, die will au am Sonndich gmolka oder gossa werda. Also, s hädd sich gar et glohnd, wenn mr a kloina Kirch baud hädd. Do hädd a Pfarrer vor a paar alde Weibla predigd, dia sowieso nex mai ghörd häddad.

Ond dia, dia hend obedengd en d Kirch wölla, dia hend dia zwoi Kilomeder noch Zell nom en d Martinskirch dabba kenna. Wenn se scho nex schaffa wöllad, na sollad se wenigschdens dabba ond onderwegs gucka, wie weid s Korn isch ond ob mr d Krommbiera häckla muaß.

»Aber an Glockaturm brauchad mr scho. Et dass d Zeid vrgohd ond mir mergad s garet«, hot dr Lorenz Mayer gmoind, dr Ortsvorschdeher, der von saine Kollega bei de Dienschdbeschbrechunga, Kolleginna hot s domols no et gebba, emmer uffzoga worda isch: »En Bleaschba schiabd mr em morgnads dr Mo (Mond) no mit dr Schdanga weg.«

Dr Lorenz hot saine Baura ond Schäfer en d Sonne zur ara wichdiga Sitzong aiglada. Ond se send au faschd älle komma. Also, de maischde. Also, bis uff dia, dia d Kender no ens Bedd hend brenga miaßa, oder d Küche uffroma, wäscha, schbüala, biegla, flicka, putza miaßa hend, ond dia, dia nemme so guad z Fuaß warad, also de äldere Herrschafda, dia maischdens au no dosaurad warad ond vor ällem en dr Nachd kaum meh äbbas gseah hend, ond d Wei... Entschuldigung, d Fraua.

S isch na faschd zehne gwä, bis endlich älle ghockd send ond a jeder sain Moschd oder sai Bier vor sich schdanda ghed hot.

Mr isch sich au schnell ainig gworda, dass mr an Glockaturm brauchd, s Problem war bloß, en welche Richdung d Uhradafel mondierd werda soll.

»Des isch doch sonnaklar«, hend dia vom obara Dorf gsagd, »des kommd uff dui Seid, wo für den Turm am maischda gschbendad worda isch.« Ond des seiad dia vom Oberdorf gwä, hend se amol behaupdad. Ob s gschdemmd hot, hot koiner so rechd saga kenna, bis uff dr Ortsvorschdand, aber der hot sai Maul ghalda ond abgwardad, was de andere so moinad.

»Do, wo de maischde Leud d Uhradafel seaha kennad«, hend dia vom Onderdorf gsagd, weil se gmoind hend, s dädad mai em Onderdorf wohna.

»Machad doch d Uhradafel en Richdong vom Schlofzemmerfenschdr von dr Mesmere, na vrbassd

dui s Läuda et. Dui hot doch bloß an vrroschdada alda Wecker uff am Nachddischle schdanda«, hot dr Bäuchle gmoind.

Wia s komma däd, dass r sich em Schlofzemmer von dr Mesmere so guad auskenna däd, hend se na nadürlich glei schadafroh nochgfrogd. Weil, d Mesmere war koi Guada ond hot drzua na a Gsichd ghed, des bloß a Muadr hot möga kenna.

Er kenn sich et aus, sui häb s ehm gsagd.

Wia wenn d Mesmere sich mit ehm über ihran alda roschdiga Wecker onderhalda däd, hot s na ghoißa.

Des saudomme Gschwätz sei so onaidig wia a Soichrenn em a Hennaschdall, hot dr Bäuchle druff über dr Disch naigschriah ond hot no dr ganze Obend nex mai gschwätzd. Jetzd war r scho narrad. Mr hot bloß no äbbas von am ghörd, wenn sai Maga gschaffd hot.

Trotzdem, älle drei Vorschläg hend äbbas für sich ghed. Dr Lorenz hot no gsagd, er däd a Zählung durchführa, mr miaßd aber no a Weile warda, weil grad Erntezeid sei, ond er für d Zählung em Momend koi Zeid häb. Des hot mr vrschdanda kenna, weil s de maischde grad so ganga isch. Ond mr isch friedlich wieder ausananderganga, bis uff dr Bäuchle, den des Gschwätz emmer no gwurmd hot. Hädd er no sai Gosch ghalda. Sai Wuad war aber nemme ganz so groß wia vor ara Schdond, weil r en dr Zwischazeid s maischde drvo em Moschd vrsäufd hot.

Aber dr Lorenz, a Schlitzohr, wia er war, ond als Ortsvorschdeher isch des koi Schada, wenn mrs fauschddick hender de Ohra hot, der hot scho gwissd, dass sowohl uff dr Weschdseid wia uff dr Oschdseid gleich viel Leud gwohnd hend. Was aber außer ehm neamerd gwissd hot war, dass mr em Weschda an neua Erdabürger erwardad hot. Worom er des als Oinziger em Flecka gwissd hot, des kennad r euch denka – oder au et.

Uff jeden Fall hot r die Zählung erschd em Dezember durchgführd, nochdem des Buale, mit de gleiche rot-blonde Härla wia dr Lorenz uff am Kopf, uff dr Weld war. Ond seither guckd d Bleaschbener Uhradafel noch Weschda. Ihr kennad s nochprüafa.

Gschwätz am Gardazau

Herbert: »So, au?«

Walter: »A bissle.«

Herbert: »Was?«

Walter: »S Naidigschd.«

Herbert: »So lang s Wedder hebd, gell.«

Walter: »Freile.«

Herbert: »Moinsch, s hebd?«

Walter: »Woiß mr s?«

Herbert: »Ih hoff.«

Walter: »Ih au.«

Herbert: »Was grubelsch?«

Walter: »Scheiß Schnecka.«

Herbert: »Wega de Reddich?«

Walter: »Noi, Gelbe Riaba.«

Herbert: »Was duasch?«

Walter: »Schneckakorn.«

Herbert: »Schneckakorn?«

Walter: »Schneckakorn.«

Herbert: »An d Gelbe Riaba na?«

Walter: »An d Gelbe Riaba na.«

Herbert: »Des isch doch gifdig.«

Walter: »Ih woiß.«

Herbert: »Ja, ond?«

Walter: »Ih ess ja koine.«

Frog et

»Koi Mensch frogd me, wia mrs gohd.«
»Wia gohd drs?«
»Oh, frog me et.«

Hitza hot se,
said se,
häb se.

Ond nachts so schwitza,
miaßd se,
said se,
däd se.

Em morgnads miad no,
sei se,
said se,
wär se.

Sodbrenna noch am Essa,
plog se,
said se,
häb se.

Noch am Kaffee kobba,
miaßd se,
said se,
däd se.

Noch am Veschbr hondsmiad,
sei se,
said se,
wär se.

No gang se hald ens Bedd, aber

Hitza hädd se,
said se,
häb se.

Ond nachts so …

Open Air

Se wissad ja, was »Open Air« bedeudad. Wördlich übersetzd hoißd des »offene Lufd«, also mit andern Worten: S ziagd. Egal, wo da schdohsch, s ziagd. Also, a Open-Air-Vraschdaldung fendad emmer drussa, also em Freia schdadd. Ond wenn s na reagnad, ond mr woiß des vorher ond s send et meh als fuffzeahdausend Leud, na ka mr so a Open-Air-Vraschdaldung au en a Halle vrlega, wenn mr oina hot, die au groß gnuag isch. Na dürfd mr aigendlich nemme von ara Open-Air-Vraschdaldung schwätza, na miaßd des »Closed-Air«-Vraschdaldong hoißa, also »gschlossana Lufd«, ond so riachd s na au.

Also von do her hot so a Open-Air-Vraschdaldung scho au ihre Vordail, au wenn s ziagd. Do kosch drfür na bedenkalos …, also, des ghörd jetzd et grad do her, aber s vrfliagd glei wieder.

Bleed isch nadürlich, wenn s na middla drenna en so ara Vraschdaldung zom reagna afangd. De Künschdler uff dr Bühne isch des egal, dia send ja maischdens onder ama Dach. Aber du schdohsch do middla drenna em Reaga, kosch weder hendersche noch firsche. An Schirm uffmacha gohd scho au gar et, ohne dass da dene, dia rechts ond lenks an dir loinad, a Aug ausschdichsch ond daim Vorderma ond daim Henderma s Hirn uffbohrsch, also bildlich gschbrocha, damid mr sich des au vorschdella ka, wia eng s do zuagohd.

Also, wenn da a Daschaduach brauchsch, muasch uffbassa, dass da et bei deim Neabama en dr Kiddeldasch oder bei daira Nochbere em Handdäschle landasch. Uff oimal kriagsch oina gschossa ond du woisch gar et worom.

Lang jo et en dai Arschdasch nai, vor allem et, wenn do a Frau hender dr schdohd. Also, manche send do scho komisch, wenn da ogfrogd an derra ihran Busa nakommsch. Des kennad fai et älle leida, au wenn des aus Vrseaha bassierd isch. Aber mach des amol klar, wenn de et amol romdreaha ond mit de Leud schwätza kasch.

Wia gsagd, a vrreagnads Open-Air-Konzerd hot scho so saine Problem. D Brüah laufd an dr ra. Du siehsch nex mai, weil d Brill alaufd. En de Schuah schdohd mit dr Zeid s Wasser. D Feuchdigkaid ziagd d Hosa nuff ond letschdendlich isch dr ällas scheißegal. Du muasch bloß uffbassa, dass dr nochher beim hoimganga dr Schlamm et d Schuah ausziagd.

Haupdsach, des Konzerd isch en Ordnung. Du sengsch mit, wenn da dr Tekschd kosch. Deswega seng ih uff de Konzerd nia mit. Du klatsch, pfeifsch, drucksch ond schiabsch, wirsch druckd ond gschoba, mr dabbd dr uff d Schuah, reißd dr Hosaaufschläg na, druckd dr an Ellaboga en d Seide nai, mr kommd sich

näher, ob mr will oder et. Ond do, wo da s gern
häddsch, dass mr sich näher kommd, kommsch et na,
weil s z weid weg isch.

Du soddsch uff s Klo, du hosch Durschd. Boides
muasch vrklemma. Du hosch koi Chance. Aber schee
isch s trotzdem und du kosch schbäder äbbas vrzähla,
wenn de noch vierzeah Dag, noch daira Grippe, wie-
der aus am Neschd rauskommsch.

Mai Frau hot von onsere Kender zom Geburdsdag
Konzerdkarda für a Open-Air-Konzert gschenkd
kriagd. Zwoi. Oina drvo han ih zahla derfa miaßa,
weil se für de gleich Vraschdaldung warad. Ih han ja
mit na miaßa, weil s Konzerd en Berlin war ond alloi
hot se et na wölla. Der Haufa fremde Leud bei derra
Vraschdaldung ond na au no so weid furd. Do ka mr
so a arms Fraule et alloi nalassa. Des han e aiseaha
miaßa. Mr hot ja schließlich a gewisse Vrandwordung
für sai bessara Hälfde. Net wohr. Ih han na no d Fahrd
ond d Übernachdung zahld. Des war a deuers Ge-
burdsdagsgschenk für mih, des maine Jonge ihrer
Muadr gmachd hend.

Aber schee war s. Klasse. Laud. Saumäßig laud. Gra-
nadamäßig laud. Ond voll. Saumäßig voll. Granada-
mäßig voll. Über zeahdausend Berliner ond mir zwoi
aus Albershausa. Koi Sau hemmer kennd. Bassierd
ons selda. Au so reachd.

Ond was do für Leud warad! Also manche dädad, so wia dia zom Doil ausgseah hend, bei ons et ogschora durch da Flegga komma.

Cowboyhüad uff zuagwachsane Meggl mit Sonnabrill ond Ohrreng. A vrrissanes Onderhemd ohne Ärmel, damid mr au des Ganzkörpergemälde mit de nackade Weibr ond dem Anker uff am Arm siehd. Uffgschlitzde Hosa, also et bloß do, wo s au an Sinn machd. Cowboyschdiefel mit hohe, schiaf nadrabbde Absätz. Bendel ond Niada, die des Gesamdkunschdwerk zammghalda hend. Des war de oi Sord.

De ander, kahl gschora, a ronde Nickelbrill mit bloß no oim Biegel, an kratziga Rollkragapullover aus de Anda ond a Schlofazugshos, onder derra hoorige Krampfodergschdell en Reamalesschlabber nackad rausguckd hend.

Drzwischa dren a baar, dia ganz normal ausgseah hend ond die sich köschdlich über dia Mädla amüsierd hend, dia Farba en de Hoor dren ghed hend, von dene ih seidher gar et gwissd han, dass es sodde überhaupd gibd. D Hoor selber teils gflochda, teils bloß no uff oira Seide vorhanda. Teils hend se ausgseah wia so a alder vrfilzder Schuahabschdroifer, aufglockerd hald durch Bendala, Perla, Schbanga ond irgend so ama Lombagruschd aus am Schberrmüll. An Haufa Aldeise em Gsichd, uff dr Nos, an de Augalider, onder dr Onderlibb, em Mundwinkel, en dr Zong ond als Nosareng wia bei ra Kuah. D

Ohralabba hot s razoga bis zom Hals, so schwer warad dia Kugla, Reng, Blöck ond Figura, dia droghangd send. D Mugga hend ogschdroifd durchfliaga kenna, so weid ausgleierd warad dia Aischdechlöcher am Ohrläbble. Von dene Trägerinna werdad schbäder sicherlich amol manche vrschroddad ond et begraba, wega dr erhöhda Schwermetallbelaschdung auf de Friedhöf.

Nachdhemmerder hend se aghed. Vorna koine Knöpf meh dra. Wozua au. S war jo nex dro, was mr hädd vrschdecka miaßa. Ond dia, dia na besser so a weids Nachdhemd aghedd häddad, dia hend drzua na no bewussd zoiga miaßa, dass se überhaupd koi guada Figur hend.

Nabelfreie Shirds mit passende Uffschrifda wia: »fuck yourself« oder »everybody's darling« oder was woiß ih no ällas für an Schwachsenn. Dia Shirds send schiergar aus de Nähd platzd, weil se mindaschdens drei Nummara z kloi warad, ond bloß d Moddalöcher hend zuaglassa, dass a bissle Lufd an dia Schbeckwargla nakomma isch.

Drfür hot s halbe, wia sagd mr jetzd do, also s halbe Deng, s halbe Milch..., s halbe Dekolltee, genau, s halbe Dekolltee hot rausdruckd ond bloß dia zwoi Knöpf vom vrratzda Blüsle hend wahrschainlich vrhinderd, dass des Ganze übergschwabbd isch.

Dr Hüfdschbeck isch so weid über d ausgfranzde Hüfdjeans drüberquolla, dass da bloß no die Totakopfschnall vom Gürdel, aber dr Reahma vom Gürdel nemme gseah hosch.

An de Fiaß rosarode Schläbber mit ara Paileddaschdickerei, die au bloß no in Teilen vorhanda war, a Zigaredd lässig em gepiersda Mundwinkel hanga ond a Zong vom Mick Jagger uff boide Arschbackadascha.

Na hot s no so Selbergschdrickde gebba. Blass, bloich, durchsichdig. Koi Schbur von Lebensfraid em Gsichd. Schlofzemmerblick mit bassende Augareng. Strähnige, feddige, lange Hoor, opflegd onder ara bis uff d Ohra razogana Wollmütz mit ama Bobbel druff. Zemlich bund, dr Bobbel. Des war des oinzig Farbige an dene graubloiche Gschdalda, dia en ihre vrwäschane, ehemalige lila Blüsla ond knöchellange, genauso vrwäschane ehemalige lindgrüne Röck, onder dene na dürre Boiner en Ringelsocka ond Jesusschlabber rausguckd hend, dr richdige Kontraschd zu dene andere dargschdelld hend ond dia regungs- ond teilnahms- ond ausdruckslos romgschdanda send ond dia sich bloß bewegd hend, wenn mr se agschuckeld hot.

Also, wia gsagd, uffgfalla send dia, die ganz normal azoga warad. Also mir. Also mai Outfitgruppe, wia mr so neudeutsch sechd. Ond mir send ons so was von schbießig ond overdressd vorkomma, des glaubsch et. S nächschd Mol miaßad mr ons äbbas anders aifalla lassa.

Neill Young. Kennad r den? Altrocker aus de siebzgr Johr. Mit Bänd. Wega dem semmer nagfahra.

Ond na send se uffdredda, dia alde Kerle, nochdem mir scho faschd hend nemme schdanda kenna, weil mr viel zbald do warad. Ih ka s hald et leida, wenn mr z schbäd kommd oder wenn mr hetza muaß. Ond na hemmer no über a Schdond lang ons a Vorgruppe ahöra miaßa, die den Aufenthald auf dem aufgwoichda Acker au et agnehmer gmachd hot. Em Gegadoil. Se send zwar uff dr Aitrittskard gschdanda, aber mir hend denkd, des isch a Werbung für an Alkopob oder wia mr zu dene farbige Gsöff heudzudag au emmer sechd.

Ond na send se komma. Ond afanga zom tröpfla hots na au. Äldere Männer mit volle graue, mit lange weiße, mit schüttere Stoppel- ond mit gar koine Hoor ond hend losglegd. Ond wia. Zwoi Schdond. Ohne Pause. Ond bei dr Zugabe hend se sich so drenaigschdaigerd, dass dr Chef am Schluss sai wahrschainlich sündhaftd deura Gitarr zammgschlaga hot, dass bloß so d Fetza gfloga send. Jetzd woiß e au, worom dia Aitrittspreis so saumäßig hoch send. Ih han me scho gwonderd.

Nochdem s Konzert aus war, ih so guad wie nix mehr ghörd ond budderwoiche Knui ghed han, hemmer no en a typischs Berliner Lokal wölla zom regeneriera ond om a echda grüna oder roda Berliner Weiße zu genieße, die, wie ih ghörd han, sowieso bloß d Tu-rischda trenkad.

Vorsichdshalber ben e an d Kass von dr U-Bahn-Station ganga ond han den Schalderbeamda, offabar han e so a richdigs Berliner Original vrdwischd, gfrogd: »Wann fährd aigendlich de letzschd U-Bah?«

»Det werden wir beede wohl nich mehr erleben, wa?«

Des hot mr vielleichd weitergholfa. Irgendwann warad mr trotzdem drhoim. S gibd jo au no a Taxe.

Neabel

Neabel isch, wenn d Wolka dr Erde d Hand geb-
bad ond Griaß Godd sagad, wenn se sich uff de
Bäum, de Wiesa, de Felder ond de Äcker ausruahad,
wenn se ällas zuadeckad, d Häuser, d Schdroßa, d
Leud ond d Viecher, ond wenn se d Farba ausradierad
en dr Natur, bis uff des milchige Grau, des feuchd ond
kald en dai Schdub naiguckd.

Neabel ka schee sai.
Neabel ka guad do.
Neabel ka dr helfa.
Du muasch am bloß zuahöra.
Hörsch et, wia er sechd:
Beruhig de.
Ruah de a bissle aus.
Dua langsam.
Schald ab.
Drussa vrsäumsch nex.
Duas oifach.
S gohd bald gnuag weider,
en derra schrilla, hektischa Weld,
en der da net amol zua dr selber kommsch.
Ond zua dir selber komma soddsch,
damit mr au woiß,
wer da aigendlich bisch.

Zwoi Fraind

Zwoi Fraind, es send scho äldre Manna,
trialad schdill so vor sich na,
se hockad uff der Bank dohanna
em Park, ond guckad d Leud sich a.

Se hend ja sonschd nex zom vrsaima,
se send en Rende, älle boid,
se hend gnuag Zeid zom gucka, träuma,
dia schaffa miaßd, dend ehne loid.

Guckad de Mädla noch ond so,
dia no so jong, so frisch, so nedd,
se weddad, wenn se kenndad no,
doch kenna kenna dend se et.

A Fremder kommd grad uff se zua,
ond frogd, wo s Rothaus wär,
er schdörd se arg en ihrer Ruah,
ond s Schwätza fälld an schwer.

Der Fremde moind, dia zwoi dohanda,
kenndad koi Deutsch ond so,
probierd s en Englisch, Russisch, Schbanisch
ond laufd na resignierd drvo.

Dr oi bewunderd sellan Ma,
der grad vor ehne gschdanda,
was der für viele Schbrocha ka,
er häb bloß s Deutsch vrschdanda.

»Ja, Fremdschbrocha send guad ond rechd«,
sai Fraind druff ganz vrschmitzd,
»wenn mr des ka, isch s gar et schlechd,
doch was hot s am jetzd gnützd?«

Volkshochschual

Hend Sia scho amol an Schbrachkurs en dr Volkshochschual belegd? Also, hend Sia scho amol a Schbroch kenna wölla, dia Ehne gfalla hot ond dia Se hald et kenna hend?

Ond wia mr sich des na so schee vorschdelld, gell, wenn mr em Süda irgendwo am Meer hockd, bei de Aihaimische, vor ama schnuggaliga Hafawirdschäfdle bei ama Vierdale Rotwai ond ama Breggale Käs, ond mit dene baatscha ka, drzuaghörd ond et so bleed romschdohd wia de andere Turischda, dia nex vrschdandad ond koin Kontakd zur Bevölkerung hend ond domid d Seele vom a fremda Land gar et mitkriagad.

Wenn mr vierzeah Dag lang fremd bleibd ond sich bloß mit dr oigana Familie ond de mitgraisde Fraind onderhalda ka, des isch doch oifach sch…, des isch et guad, do hädd mr au drhoim bleiba kenna. Ond na ärgersch de dr ganze Urlaub jedes Mol, wenn da so oifäldig vor de Aihaimische schdohsch ond äbbas willsch ond nex rausbrengsch oder bloß an sodda Mischd vrzapfsch, dass am Deifl grausd, dass de blamiersch bis uff d Knocha, mit Händ ond Fiaß vor dene romfuchdelsch wia a …, wia a …, ach, was woiß ih was. S isch oifach bleed.

Ond na nemmsch dr ernschdhafd vor, dass, wenn da wieder drhoim bisch, dass da na obedengd glei an Schbrachkurs machsch.

Ond drhoim sechd dr na oiner, s gäb an Schbrachkurs, do briechdasch nex lerna ond nex üaba. Do briechdasch bloß a Weile a Kassette ahöra ond na däd des klabba.

Ond na kaufsch dr des, weil, do blamiersch de jo nergens, weil da des alloi drhoim en daim schdilla Kämmerle macha kasch. Des isch doch gschickd. Ond s nächschde Mol klabbds na au em Urlaub, ond älle bewundarad de.

Ja, Pfeifadeckel! Der sündhafd deure Schbrachkurs mit dene drei CDs, an CD-Player han e jo au no kaufa miaßa, glotzd me jedes Mol belaidigd aus am Regal a, wenn e en mai Arbaidszemmer komm, weil ih ehn noch am erschda Naihöra nemme en d Hand gnomma han.

Ih han hald koi Zeid! Emmer kommd äbbas drzwischa! Ond wenn e uff dr Alb romdabb, na will e au et mit de Ohraschdöpsel ond ama Geräd, des vor mr rombaumeld, durch d Gegend schlabba!

Ih han mr des leichder vorgschdelld. Ben e aigendlich bleed? En Italia schwätzad scho de kloinschde Kender italicnisch. Ond ih alder Bachel …

Ond schnell suach e a anders Gschäfd ond bekämpf drmid mai schlechds Gwissa ond maine Minderwertigkaidskomplexe.

Wieder Urlaub. Wieder s gleiche Elend. Ih komm wieder hoim, gang uff d Schbarkass ond sieh uff am Informationsdischle a Hefdle von dr VHS romliega. Ih blädder durch. Albershausa. Koin Kurs in Italienisch. Prima. Em oigana Flegga däd e so äbbas sowieso et. Do send om s Nomgucka a baar Leud drbei, dia de kennad ond dia na nochher, wo du au nakommsch, romdradschad, wia dackelhafd du die aschdellsch. Noi, des dua e mr et a.

Ih blädder weider. Nex Italienisch, nex Kurs. Ganz am Schluss vom Hefdle Uigna (Uhingen). Italienisch, Kurs I, für Anfänger mit Vorkenntnissen. Ih ka italienisch kocha ond essa ond an italienischa Wai mog e au, wenn s a gscheider isch. Des miaßd doch langa. Ih ruaf uff am Rothaus a. Ob ih scho amol an ama Kurs teilgnomma häb.

»Noi«, han e gsagd.

Des däd nex macha. Ond die Ameldung sei vrbindlich.

So ain Pech. Drweilsch han ih doch gar nex meh gschwätzd ghed. Scho zschbäd. Ih war unwiderruflich agmeldad ond am nächschda Dienschdag ging s los.

Ih ben en d Schdadt gfahra ond han mr des Unterrichtswerk kaufd, des agebba war. Om dr Goddes willa! Des ällas soll en den alda Kopf naibassa? Mir isch grad gar et guad. Vor sodde Büacher han e scho en maira Schualzeid Reschbekd ghed. Uff was han e me do aiglassa?

Ih gang na en Keller, hol mr an scheena Trollinger vom a privada Wengerder aus Aschba ond vrsäuf mai italienischa Angschd em a schwäbischa Vierdale.

Oin Rot no, wenn Se au amol so äbbas vorhend: Sagad Se jo neamerd äbbas drvo. Net amol de engschde Agehörige.

Do hoißd s na bloß: »Ja, wird des et zviel für de?«

»Ja, moinsch, du schaffsch des?«

»Worom willsch dr des no en daim Alder ado?«

»Ih ben bloß gschbannd, wia lang da des durchhäldsch.«

»Kasch dr des au ällas merka?«

»Des soll a guad s Gedächdnistraining sai. Vielleichd hilfd s dr ja.«

Solche Kommentar bauad de fai saumäßig uff. Uff des ka mr au vrzichda. Also, schwätzad Se jo nex. Oder lassad Se s glei bleiba ond fahrad Se ens deutschschbrachige Ausland, wenn Se obedengd vrreisa wöllad. Do gibd s na sodde Problem et.

Aber wenn Se scho en so äbbas naikomma send wie ih, ih ka bloß den guada Rot gebba: Nex schwätza. Mr ka na nemlich emmer no wegbleiba, wenn s oin überforderd. S merkd jo koiner. Ond suachad Se sich a Zeid raus, wo Se sowieso et drhoim wärad.

Also, ih ben na an dem Dienschdag na. Rechdzeidig. Wia emmer. Wia s hald so mai Ard isch. Ih ka s et leida, wenn mr opünkdlich isch ond hendadraischuahad. Ih ben hald so erzoga worda. Ih ka au nex macha.

Drvor han e me grichdad. Mai Frau hot scho middags gsagd: »En dem Aufzug kasch fai et onder d Leud.« Ih han na no a Deo an me nagschmissa, damid mr dr Angschdschwoiß et so arg riachd.

Die Vranschdaldung war en ara Schual. En ara alda Schual. A Schual wia früher. Was glaubad dr, wie schnell mih mai Vrgangahaid aighold hot. Mir isch schlagardig bewussd worda, wie froh ih domols war, als ih mit Müh und vor allem mit Not aus dem Lada drussa war. Ond jetzd gang e freiwillig wieder nai! Des derf doch et wohr sai! Ih ben doch ein Granada …!

Ih mach die großa, schwera, alda, vrschondana Aigangsdür uff. Eiche massiv. Ih muaß me mit dr Schulder ond mit honderd Kilo drgegaloina. Ih frog me, wia des dia Erschdklässler machad. Oba dren hot s zwoi Scheiba mit so ama griffelda Glas, dass mr weder nai- noch nausgucka ka, ond a schmiedeeiserns Gidder drvor, wia em a Gfängnis. Ond om des Fenschdr isch so a Ard Zopfmuschdr, so wia mrs hald früher ghed hot. Domols isch mr des et uffgfalla.

Nochdem e se uffgmachd han, riach e se. D Schual. A alda Schual hot an ganz schbeziella Geruch. So noch aigölde Böda oder so ähnlich. Ih moin älls, se hädd au noch Schdrofarbaida, Nochsitza, Datza ond Backpfeifa grocha.

Em Aigangsbereich gohd s a baar Schdoischdufa nuff, so gschbrenkelde, so wia mrs früher hald ghed hot. Drvor isch a Kokosmadde gleaga. Wia früher. Massive Holzhandläuf rechts ond lenks an d Wänd nagschmiedad, wia früher, ond oba uff am Absatz send rechts ond lenks zwoi Gäng wegganga zu de Klassazemmer, zom Hausmoischdr ond zu de Butzräum. En dr Midde isch noch dem Absatz d Trebb wieder nuffganga en erschda Schdock. Jetzd wo na?

»Wöllad Sia au en s Italienisch?«

A jonga Frau, die grad Schülerarbaida en ara Vitrine aguckd ond mih anschainend neabaher beobachdad hot, schbrichd me a.

»Ja, Sia au?«

»Ja. Des isch do henda em Flur, s letzschde Klassazemmer an dr Schdirnseide. S isch aber no neamerds do.«

Ih han se na glei gfrogd, ob se au s erschde Mol so an Schbrachkurs bsuacha däd.

»Noi, ih ben s z erschd Mol do.«

»Moin e ja.«

»Was?«

»Nex. Kennad Sia au no nex?«

»Italienisch?«

»Was sonschd?«

»Noi.«

»Na ben e aber froh, na ben e et so alloi.«

»Mir werdad et alloi sai, de andere werdad au no nex kenna.«

»Ja, aber do isch doch dragschdanda: Für Anfänger mit Vorkenntnissen.«

»Scho. Aber hend Sia vielleichd no an andara Kurs en dem Hefdle gseah? Ih et.«

»Allerdings et. Aber wenn no meh Afänger drbei wärad, na wärad au no meh Leud jetzd om dui Zeid do. Dia, dia scho amol drbei warad, dia kommad erschd kurz bevor s agohd. Dia kennad sich ja scho aus. Die Befürchdung han e hald.«

»Mir werdad seah. Wardad mrs hald ab.«

Fenf Minuda, bevor s losganga soll, kommd oina mit ara schwera Dasch d Drebba nuffgschnaufd. A bissle korpulend, aber et ofraindlich.

»Wolen Sie zum Italienischkurs komen?«

»Ja.«

»Dann komen Sie mit mir mit. Ich bin Ihre Dozentin, gähen wir ins Klasenziemer«, sechd se en ama italienisch gfärbda Deutsch.

A leers Klassazemmer, Schdüahl uff de Disch, a vrschmierda Dafel ond saukald isch s en dem oaufgräumda, ogmiadlicha, zemlich vrratzda Wardesaal, weil oi so a Dubbel vrgessa hot, s Fenschder zuazmachad. Ond drussa hots fai Minusgrad ghed. Mir hend d Kiddel ond d Mändel aglassa.

»Was kennen Sie schon in Italienisch? Wörter? Ganze Sätze?«

»Ha, griaß Godd saga kann e, a baar italienische Gerichd ond Waisorda kenn e au. Aber na hot sich s scho.«

»Oh.«

Meh hot se et gsagd. War au gar et needig. Des Gsichd drzua häddad r seaha sodda.

Drei andere kommad rai ond werdad herzlich begrüßd. Italienisch nadürlich, ond dia selber schwätzad au italienisch. Oh, Heimatland, wo ben e do nagroda?

Mir zwoi Neuleng hockad zamma. Ih hoff bloß, dass me mai Neabasitzere et agloga hot ond tatsächlich au nex ka.

Ond na hend dia andere Urlaubserinnerunga austauschd ond so neabaher hot onser Dozentin na gsagd, se däd ons scho no saga, was mr ällas nochholla miaßad.

Ih wär am liabschda glei wieder ganga. Ih han scho gnuag ghed, bevor s richdig agfanga hot. S hot sich anschainend seid maira Schualzeid et viel geänderd. Scho domols hend mr d Lehrer emmer wieder gsagd, was e ällas nochholla miaßd, wenn e mitkomma wedd.

»Lernen Sie im Buch die Kapitel eins bis vier und ieben Sie. Hören Sie? Iiiieben! Sie kennen nachschlagen auf letzte Seiten. Da sind noch weitere Iebungen. Haben Sie schon ein Arbeitsheft? Missen Sie kaufen.

Geörrd dazu. Auch Iebungen. Nächste Mal wir machen weiter mit lezione tre auf Seite ventotto. Alle. Sie missen ieben. Verstehen Sie?«

Faschd dreißig Seida en achd Dag! Nochholla! Lerna! Alloi! Ohne Fremdhilfe! Wia wenn e sonschd nex anders zom do häb! Des ka ja heiter werda.

Mir hend na no a bissle em Buach romblädderd. Se hot äbbas vorgleasa. Italienisch nadürlich. Mir hend nochgleasa ond wiederhola miaßa. Au italienisch, nadürlich, oder wenigschdens so ähnlich. Mir Neue hend na äbbas zom kopiera mitkriagd ond s nächschde Mol däd se ons no Onderlaga vom letschda Kurs mitbrenga, weil mir dia au no zom Lerna han soddad. Sonschd hädds koin Werd.

»Wenn Sie das nicht kennen, komen Sie nicht mit. Sie verstähen? Ist Voraus..., äh, wie sagd man auf Deutsch, ist Vorausgehung ...«

»Voraussetzung.«

»Wie bitte?«

»Ist Voraussetzung.«

»Richtig. Ist Voraussetzung. Und ieben. Sie missen viel ieben. Sie verstehen. Muss sein so. Arrivederci e buona serata«, ond weg war se.

»Dr Letschde machd s Lichd aus«, hot oiner von de erfahrane Kurstailnehmer gsagd. Ih war dr Letschde ond han s Lichd ausgmachd.

Ih han na en derra Woch vrsuachd zrechd zkommad. Schdondalang ben e en maim Arbaitszemmer ghockd ond han oin Telefoaruaf noch am andara entgegagnomma. Ja moinad Sia vielleichd, mr hädd mih lerna lau? Ond wenn e amol Zeid ghed hädd, na han ih no a baar dringende Aruaf tätiga miaßa. S Leaba muaß ja weiderganga, trotz am Italienisch. Ih han doch et dr ganze Freundeskrais drweaga vrnochlässiga kenna. Wer woiß, wenn mr se amol wieder brauchd? Außerdem wärad se stutzig worda ond mr hädd me na ausgfrogd, was e denn so Wichdigs zom do häb, dass e koi Zeid meh für se häb.

Mit am gleicha schlechda Gwissa wia früher vor de Klassaarbaida, auf dia ih au bloß sehr unzulänglich vorberaidad war – ih han scho domols koi Zeid zom lerna ghed vor lauder Handballschbiela miaßa, mr muaß ja Prioritäta setza em Leaba, sonschd vrzeddeld mr sich bloß – ben e am nächschda Dienschdag wieder na.

Freudeschdrahlend begrüßd me mai Neabasitzere. Se häb jeden Dag güabd, ihr Ma häb se abghörd ond ihr Kollegin, a Italienere, häb au jeden Dag mit ihra italienisch gschwätzd.
    Des baud oin vielleichd uff. Jetzd han e gwissd, ih ben wieder dr Letschd.
    Na isch d Dozentin komma.
    Ih sag na: »Buona sera.«

Se hot au glei druff geantwordad. Aber frog me et was, ih sag aber: »Oui.«

»Sie sind in einem Italienischkurs und nicht in einem Französischkurs. Ih habe Sie gefragt, wie es Ihnen geht. Man sagt dann: Bene oder benissimo, non c'è male, cosi cosi, abastanza bene oder insomma, je nach Befinden. Sie verstehen?«

Ih han bloß gnickd. Worom schwätzad dia Italiener au so saumäßig schnell ond so viel uff oimol? Do kommd doch koi Sau meh mit!

Ih war na en dene anderdhalb Schdond oiner von de Schdillschde ond han bloß no äbbas gsagd, wenn e persönlich druff agschbrocha worda ben. Worom send au bloß fenf Tailnehmer do. Heud semmer sogar bloß zu vierd, weil dr Harald krank isch. Andauernd kommsch dra. Kenndad des et zwanzg sai? Ih han doch ain Pech. Mir isch ganz schwendlig gwä, wia mr ferdig warad. Ond na hot se ons no an Haufa Hausaufgaba gebba, ond des zu dem na, was mr sowieso hädd nochholla ond üaba sodda.

»Ih ben so froh, dass e a italienischa Fraindin han, die mr hilfd«, hot sich mai Neabasitzere vrabschiedad.

»Des däd mr jetzd au nailaufa, aber woisch, mai Frau ...«

»Zom Lerna moin e doch.«

»Was glaubsch, was ih gmoind han?« Se hot bloß no vielsagend guckd und »tschaule« gsagd ond isch ganga.

Drhoim han e me na kaum no uff den »Tatort« konzentriera könna, so isch mir der Italienischkurs em Kopf romganga. En maim Alder! Wia a Schualerbua! Ih glaubs jo et!

Am Frühschdück frogd me na mai Frau: »Hend r aigendlich koine Hausaufgaba kriagd?«

»Doch, ond wia! Ällas nochholla, was de andere scho kennad, drzua na des, was geschdern neu drzuakomma isch, ond na hot se ons no an Briaf gebba, en italienisch. Mr sollad rauskriaga, was do drenna schdohd, ond na sollad mr selber a Rückantwort schreiba. Meh et.«

»Aha. Na fangsch hald oifach a: Cara …«

»Woher woisch du aigendlich, wie dui hoißd, an die mir schreiba sollad?«

»Cara hoißt ›liebe‹ ond ›caro‹ …«

»… hoißd: der Hond.«

»Noi, ›lieber‹ … Bachl.«

»Isch Bachl au italienisch?«

»Möchdsch s nächschd Mol et lieber wieder drhoimbleiba?«

Jetzd scho glei gar et, han e so en me naidenkd, ond na ben e nuff en mai Arbaidszemmer, han en de Onderlaga romgruschdeld, ohne dass e gwissd han, noch was e aigendlich suach, ond han na vrsuachd, a gewisse Schdruktur en main Italienischkurs naizomkriaga, weil, Sie glaubad et, wia schnell achd Dag vrgangad, ond ih han et scho wieder vor so ama Fiasko schdanda wölla.

Jetzd schdrukturier amol, wenn dr Schreibdisch voller Fresszeddel isch, wo na uff jedam äbbas anders schdohd ond wo offasichdlich dr oine Zeddel nex mit am andara zom do hot. Zwoi Aikaufszeddel, zwoi Kinokarda ond an Rechnungszeddel von dr Tankschdell han e aussordiera könna.

»Ach, woisch was«, han e zu mir gsagd, »am beschda isch, du frogsch en dr nächschda Schdond dia, dia scho länger drbei send. Dia werdad dr na scho weiderhelfa könna.«

Ond na hot Godd sei Dank s Telefo gschelld ond a Fraind war dro. Mit dem han e na schdondalang d Aidailung vom Küchadenschd em Vrrainsheim diskudierd. Mensch, hot des guaddo. Do han e endlich mitschwätza könna. Ih han drbei koi oinzigs Mol an main Kurs denka miaßa.

»Haben Sie geiebt für heite Abend?«

Bevor se, also onser Dozentin, au no »buona sera« gsagd hot, hot se glei Salz en onsere offane Wunda schdraia miaßa.

Mühsam han e se drvo ablenka könna, endem e gfrogd han, ob mr vor Weihnachda äbbas Bsonders macha dädad, zammahocka ond so, a bissle schwätza.

»Gute Idee, aber dann natierlich nur in Italienisch. Ich bringe Arbeitsblätter und Texte über Weihnachten mit, damit Sie sehen, wie das in Italien gemacht wird, ecco.«

So han e mrs aigendlich et vorgschdelld ghed. Aber mai Nochbere hot na Godd sei Dank gmoind, mr könnd des durch a baar Weihnachdsguadsla auflockara.

»Ist gut, dann bringe ich noch einen Prosecco mit«, hot d Dozentin no gmoind.

»Ond ih d Gläser«, han e gsagd ond war domid au aus am Schneider. Jetzd isch s doch no en die Richdung ganga, en die ih wölla han.

S war na au ganz nedd, s letzschde Mol vor de Weihnachdsferia. Italienisch hemmer erschd gar et uffkomma lassa. Se soll ons doch a bissle von de Bräuch ond dr Familie vrzähla, han e se agschdacheld, weil des Kulturelle doch au a bissle drzuaghöra däd, ond do isch se na voll druff abgfahra.

»Mi dispiace, heute haben wir nicht viel gearbeitet. Aber Sie versprechen in Ferien, ieben, ieben, ieben. Ecco, buon natale e buon anno. Ciao tutti.« Ond na hot se ihr schwera Akdadasch mit derra leera Proseccoflasch packd ond isch ganga.

En de Feria üaba! Ja wie denn? S Haus voller Leud. Kender, Enkelkender, Fraind. Wann sollsch do lerna? Soll e vielleichd mai Frau alloi en dr Küche schdanda lassa? Ha, so weid kommd s no.

Apropos, kommd s no. Die Erlösung von dem Kurs isch tatsächlich komma. Die Fortsetzung von dem Kurs miaß laider uff Donnerschdag vrlegd werda ond außerdem däds na en Göppinga schdaddfenda ond nemme en Uigna, weil do z wenig Leud wärad.

Hot mir des vielleichd laid do, dass e do nemme han no könna, weil e seid Johr ond Dag em donnerschdigs scho a andara Vraschdaldong han, dia e et vrlega ka. Isch des nichd ain Saupech?

Ailadung zom Feschd

Wenn mr zua ma Feschd nagohd,
letzschdendlich vor der Frog hald schdohd,
was ziag e aber au bloß a?
Ih ben fai scho am ärmschda dra.

Na werdad d Hosaknöpf vrsetzd,
weil d Hos no guad ond et vrwetzd,
dr Bund isch z eng, mr kommd et nai,
des Glomb laufd mit dr Zeid schaind s ai.

Bei de Röck dr gleiche Schduss,
weil, do gohd dr Reißvrschluss,
grad halba nuff, mr muaß sich bloga,
ond am obra End der Hoga,
egal, wia mr sich drehd ond wendad,
oms Vrrecka d Ös et fendad.

Bevor mr ällas ganz vrzwengd,
wird hald a Blüsle drüberghengd.
Ond em Fall na vom a Ma,
ziagd mr no a Weschdle a.
So wird des Elend hald kaschierd,
dass koiner siehd ond s et schenierd.

A weidra Not, wia gsagd, koin Seaga,
des send dia enge Hemdakräga.
du schdohsch em Bad ond blogsch de ab,
Zeid ond Lufd, dia werdad knabb,
uff oimal duad s an allmachds Schlag,
dr Knopf schiaßd weg, ja jetzd wird s Dag,
er rolld, muaß des jetzd au no sai,
bevor mrn kriagd, en Abfluss nai.
D Krawadd, des isch nun das Beschdreba,
soll des Elend zammaheba,
doch rutschd d Krawadd andauernd ra,
es isch ain Glomb, ih ka dr sa.

Wia oifach hot s doch do a Frau,
die ka s ja oba offa lau,
denn so a offas Dekolltee,
des siehd was gleich, isch maischdens schee,
ond isch des Dekolltee z weid onda,
wird s osichdbar noch oba bonda,
drzua na gibd die offna Luck
a Auslag für Familiaschmuck.

Hoor, die scho a bissle grau,
hot mr gerschd no färba lau,
et dass mr fürchdig eidel wär,
graue Hoor send grad so schwer.

Was seitwärds no an Hoor vorhanda,
des hot mr, ond mr ka s vrschdanda,
noch oba über d Glatze klebd,
ond hoffd, dass des heud Obend hebd.

Perücka send heud au em Brauch,
ond isch des Traga auch ain Schlauch,
weil se ofd juckad ond mr schwitzd,
mr trägd se hald, au wenn s nex nützd.

Na kommd des Schmiera ond des Salba,
mr woiß, es hilfd ja allenthalba,
ond hilfd s au nemme bei de Herra,
helfa duad s no bei de Kärra.

De maischde Ronzla send vrschwonda,
mr hot entschbrechend sich au gschonda,
wo s ganga isch, no retuschierd,
a bissle Rusch no drübergschmierd,
ond na uff d Feddschichd Farb ufftraga,
wia uff s Brod an Schwardamaga,
endlich isch mr richdig schee,
ond drzua na halber he.

Noch drei, vier Schdond, trotz äller Müh,
isch dui ganza Prachd perdü,
weil noch Begrüßa, Essa, Trenka,
womöglich no beim Tanz vrrenka,
hot ällas sich relativierd,
des guade Ausseah sich vrlierd.
Noch Alkohol en vollem Saal,
isch dir des ällas scheißegal.

D Auskunfd

Ih han bloß äbbas wissa wölla. Na han e en derra Firma bei der dordiga Auskunfd agruafa.

En dr erschda Teleforonde isch koi Sau na. Veschbr, wahrschainlich, han e denkd. So noch ara Vierdelschdond ruaf e wieder a. A Veschbrpause dauerd normalerweis a Vierdelschdond, han e denkd. Falsch denkd.

»Please hold the line.« Musik: Albumblatt für Elise.
»Please hold the line.« Musik: Albumblatt für Elise.
»Please hold ...« ... ach leck ...

Ih leg wieder auf. Vielleichd hot ja noch am Veschbr no äbber uffs Klo miaßa. Ond ih seh et ai, dass e drweilsch a Leine halda soll. Für wen au?

Noch ara halba Schdond ruaf e wieder a. S Klo miaßd noch menschlichem Ermessa jetzd wieder frei sai. Trau schau wem. Ih ruaf aber trotzdem a.

Musik: Albumblatt für Elise. »Please hold the line.«
Musik: Albumblatt für Elise. »Please hold ...«

Vielleichd isch des a Raucher ond hot naus miaßa, weil mr em Betrieb et raucha derf. Ih geb nomal zeah Minuda drzua.

Was han e aigendlich von derra Auskunfd wissa wölla? Ih überleg ond wähl neabaher. Ond vrschrick en Dod nai, weil e et drmid grechnad han, dass tatsächlich amol äbber nagohd. Middla drenna em Überlega.

»Auskunfd.«

A emotionslosa, ofraindlicha, bissiga, kratziga, vrrauchda Schdemm von ara Frau, die offasichdlich scho lang über dr Frühling des Lebens naus isch, fährd me a. Ih seah se soford bildlich vor mir. Ih beschreib se aber et. Ih will ja neamerds belaidiga. Vor ällem, wenn e Se et persönlich kenn. Mr hot bloß noch am erschda Word glei gmerkd, dass e anschainend grad saumäßig ogschickd komm.

»Auskunfd!«
S zwoide Word hot mai Vrmutung beschdädigd.

»Des woiß e, ih han Se ja extra agruafa.«
    »Worom schwätzad Se na nex?«
    »Ih ben vrschrocka.«
    »Was wöllad Se?«
    »Ih han äbbas gschrieba ond des isch bei euch gsendad worda, ond ih will bloß wissa, was e do drfür für a Honorar kriag.«
    »Buchschdabe?«
    »Was für an Buchschdaba?«
    »Buchschdabe hald.«

»Sie, ih erklärs Ehne nomal. Ih han a Gschichd gschrieba …«

»Fernseaha oder Radio?«

»Radio.«

»Buchschdabe?«

»Was wöllad Se denn andauernd mit Ihram dubbaliga Buchschdabe?«

»Bei ons werdad dia Honorar noch Buchschdaba abgrechnad.«

»Woher soll ih wissa, wie viel Buchschdaba mai Gschichd hot?«

»Et d Azahl.«

»Ja, was na?«

»Dr Nama.«

»Von dr Gschichd oder von mir?«

»Vom Autor.«

»Vornama oder Nochnama oder boides?«

»Dr Nama vom Autor hald!«

»Worom sagad Se des et glei. Woher soll denn ih wissa kenna, was Sia für an Buchschdaba moinad.«

»Buchschdabe.«

»Ih hoiß Merkle. Wissad Se, mit was für ama Buchschdaba des Word afangd?«

»Ih verbinde.«

Lang nex. Warteschleife.

Musik: Kleine Nachtmusik. Texschd: »Wir freuen uns auf Sie. Bitte legen Sie nicht auf. Wir versuchen es gleich noch einmal.«

Musik: Kleine Nachtmusik. Texschd: »Wir freuen uns auf Sie. Bitte legen Sie nicht auf. Wir versuchen es gleich noch einmal.«

Musik: Kleine Nachtmusik. Texschd: »Wir freuen uns auf Sie. Bitte legen Sie nicht auf. Wir versuchen ...«

»Sonja Müller. Was kann ich für Sie tun?«

Desmol a fraindlicha Frauaschdemm, so Midde zwanzg, schätz e.

»Merkle. Ih hädd do a Frog wega ama Honorar ...«

»Das tut mir leid. Dafür bin ich nicht zuständig. Aber warten Sie mal. Ich erkundige mich bei meiner Kollegin.«

Ond na hör ih, wie se flüschdernd mitanander schwätzad.

»Ja, und dann, stell dir vor, fragt mich doch dieser grüne Junge nach dem Tanz, ob ich noch etwas vorhätte und ob er mich nach Hause bringen dürfe. Ist das nicht eine Frechheit?«

»War er nicht nett?«

»Schon. Aber viel zu jung. Der hat mich mit den Augen ausgezogen. Du kennst das ja. Da bin ich lieber vorsichtig.«

»Vielleicht hat er es ja gar nicht so gemeint.«

Zu mir ens Telefo: »Einen Moment noch bitte.«

»Oh, doch. Ich kenne das. Weißt du noch, als wir damals zusammen im Texas-Saloon waren, wo doch der eine ...«

Zu mir en s Telefo: »Sofort, bin gleich so weit.«

»Wo doch der eine ...«
    »Welcher?«
    »Der Dunkelhaarige mit dem Pferdeschwanz und der Sonnenbrille im Haar und dem Goldkettchen ...«
    »Ach der. Ja, aber bei dem hat man ja gewusst, dass der ..., wen hast du da eigentlich am Telefon?«
    »Weiß ich auch nicht. Dieser Mensch will was wissen wegen eines Honorars oder so was Ähnliches. Keine Ahnung.«
    »Ist das überhaupt bei uns in der Abteilung?«
    »Was weiß ich.«

Ond na muaß irgendäbber uff d Gabel komma sai oder uff a Knöpfle. Aus Vrseaha. Wahrschainlich. Auf jeden Fall ben e aus dem interessanda Gschbräch nausgfloga.
    Besetzdzeicha. Ih ruaf glei nomal a. Besetzdzeicha. Ih ruaf noch ara Schdond nomal a.

»Please hold the line.« Musik: Albumblatt für Elise.
    »Please hold ...«

Gnervd leg e wieder uff ond probiers noch ara halba Schdond nomal.

Besetzdzeicha. Koi Musik. Holla, was isch jetzd?! Leidung dod. Ben e wo druff komma, oder was isch los?

Noch weidere zeah Minuda probier e s nomal.

»Auskunft, Marion Pfleger. Was kann ich für Sie tun?«

»Merkle. Griaß Godd. Ih ben vor zwoi Schdond bei ama Geschbräch mit ara Kollegin von Ihne nausgfloga.«

»Das tut mir aber leid. Wissen Sie einen Namen?«

»Müller.«

»Müller haben wir eigentlich ziemlich viele. Geht es etwas genauer?«

»Noi, laider et. Ih ben mit dene et per du. Aber sagad Se amol a baar. Vielleichd komm e na wieder druff.«

»Warten Sie mal. Ich schau nach.«

Längere Pause.

»Hören Sie noch?«

»Ja. Grad no.«

»Wir haben da eine Karin, eine Esther, eine Doris, eine Sonja, eine Monika, eine …«

»Sonja. Jetzd woiß e s wieder. Sonja hot se ghoißa.«

»Einen Moment bitte, ich verbinde.«

Werbeschleife: »Kennen Sie schon unser Topangebot? Nein? Dann bleiben Sie dran. Legen Sie nicht auf, Sie würden etwas verpassen! Zuvor ein wenig Musik aus unserem neuen CD-Sonderangebot.«

Es kommd irgendein undefinierbares Gedudel, des oim scho so auf dr ... auf d Nerva gohd, dass e grad wieder ufflega will.

»Einen kleinen Moment noch, Herr ..., wie war doch gleich Ihr werter Name?«

»Merkle.«

»Herr Merkle.«

Musik: Kleine Nachtmusik. Text: »Wir freuen uns auf Sie. Bitte legen Sie nicht auf. Wir versuchen es gleich noch einmal.«

Musik: Kleine Nachtmusik. Text: »Wir freuen ...«

»Schmid. Was kann ich für Sie tun?«

»Sie, ih han do a Frog wega ama Honorar.«

»Mit wem spreche ich bitte?«

»Merkle.«

»Ich verbinde Sie mit der Honorarabteilung, Herr Merkle. Einen kurzen Moment bitte.«

Bloß Musik. Fenf Minuda langad et.

»Sie wünschen?«

»Isch d Frau Sonja Müller do?«

»Tut mir leid, die arbeitet nur halbtags bei uns. Kann ich Ihnen weiterhelfen?«

»Ih han do a Frog wega ama Honorar.«

»Radio oder Fernsehen?«

»Radio.«

»Ich verbinde.«

Musik. Klaviermusik. Klassik. Baut me au et meh uff.

»Honorarabdailung, Jule Nägale. Was hend Se für an Schmerza?«

»Schmerza han e no koine. Ih hädd a Frog wega ama Honorar.«

»Radio oder Fernseaha?«

»Radio.«

»Do woiß mai Kollegin Beschaid. Ih geb Se gschwend nom.«

»Bassad Se aber uff, dass Se et aus Vrseaha uff d Gabel oder uff a Knöpfle kommad. Mih hot mr heud scho amol nausgschmissa.«

»Des duad mr aber loid. Wardad Se. Beate, hebsch du amol ab.«

Pause.

»Wir freuen uns auf Sie. Bitte …«

»Beate Knobloch. Was kann ich für Sie tun?«

»Ih han do a Gschichd gschrieba ond däd gern wissa, was e do erwarda kennd.«

»Das wissen Sie nicht?«

»Noi. Woher au?«

»Sie müssen das mit der entsprechenden Redaktion selbst aushandeln. Da gibt es keine Sätze auf der Autorenebene. Das ist Verhandlungssache mit dem zuständigen Redakteur.«

»Des hot mir koiner gsagd. Do hot s bloß ghoißa, mir sendad s irgendwann. Se kriagad drvo a CD ond a bissle Honorar däd e vielleichd au no kriaga. Gsendad hend se s scho. Sonschd woiß ih aber no nex.«

»Tut mir leid für Sie. Warten Sie doch einfach ab, ob etwas überwiesen wird.«

»Des hend se ja scho en Aussichd gschdelld ...«

»Na, sehen Sie. Das ist doch schon mal was.«

»Aber ih will hald au wissa, wann ond wie viel.«

»Wie schon gesagt, das wäre Verhandlungssache gewesen. Wenn nichts kommen sollte, dann melden Sie sich einfach noch einmal bei mir. Mal sehen, was wir dann noch machen können. Einen schönen Tag noch.«

Besetzdzeicha. Aus. Laidung dod.

Ih hock do, dr Telefohörer en dr Hand ond ka s et fassa. Des isch a Gschichd, die e aigendlich aufschreiba sodd. Mir kommd schbontan die Gschichd vom Buchbinder Wanninger von Karl Valentin en Sinn. Ond die hend se sogar gfilmd.

Ond bei mir machd mr so a Gschieß wega ama bissle Honorar für a Radiosendung.

S kennd sai

S kennd sai,
dass äbbas sai kennd.
Hot s ghoißa.
Doch gwä isch nex.
Wenn aber äbbas gwä wär,
ond ih hädd et erfahra,
dass äbbas war,
na hädd s sai kenna,
dass e narrad gwä wär.
Na hädd e dem,
der gwissd hot,
dass äbbas gwä isch,
aber et gsagd hot,
dass äbbas war,
so dr Roschd ra do,
dass der nemme gwissd hädd,
wer er war,
bevor er mir et gsagd hot,
dass äbbas gwä isch.
So a Hendarom ka e oifach et braucha,
au wenn nix gwä isch,
aber äbbas gwä sai hädd kenna.

Isch doch aber au wohr.

D Kehrwoch

Emmer wird über d Schwoba gläschderd, wenn s om d Kehrwoch gohd. Des schdenkd mr so langsam!!!

Ja, jetzd amol andersrom gfrogd: Send älle andere vielleichd Drecksäu?

Wenn mr des dene, dia do drüber emmer so läschdarad, sechd, na wechslad dia schlagardig s Thema.

Drweilsch gohd s bei dr Kehrwoch gar et bloß om s Saubermacha. Des isch dr kloinschde Doil. A Kehrwoch hot vor allem au an gesundhaidlicha ond an soziala Aschbekd. Des wissad de maischde gar et. Vor allem dia et, dia emmer drvo schwätzad. Aber des isch ja emmer so. S schwätzd sich viel leichder, wenn mr nex von dr Sach vrschdohd. Des isch wia em Gemainderad. Deshalb bildad mr do Ausschüss. Ond des hoißd et omasonschd so.

Wenn ich beischbielsweise am Samschdig s Höfle naus-, s Trottwar na- ond d Kandel nuffgherd han, na ben ih schbordlich so ausgschaffd, dass des für d ganze Woch langd.

Ond wenn ih na überleg, was ih an Schbordschdudiogebühra aischbar, na send des vier Vierdala Trollinger zu vier Euro em Monat, also zwoihonderdachd

Vierdala em Johr! Ond Rotwai, des woiß mr jo, isch guad gega Herzinfarkd. Mr siehd also, a Kehrwoch isch aigendlich s Gsündaschde, was es gibd.

Du bleibsch beweglich, des isch guad für d Glenk ond d Muskla. Du bisch an dr frischa Lufd, des isch guad für d Longa, ond du kriagsch koin Herzinfarkd, wenn da regelmäßig daine Vierdala ainemmsch. Was willsch aigendlich meh? So weid zom gsondhaidlicha Aschbekd.

An weidara finanziella Aschbekd, also neaba de aigschbarde Schbordschdudiokoschda, hot d Kehrwoch au no, wia mr grad aifälld. Em Sommer wirschd drbei braun. Du brauchsch also et was woiß ih wo nafliaga, schbarsch an Haufa Urlaubsgeld ai, ond des kasch na wieder en dai Herz inveschdiera.

Jetzd zum soziala, zum gesellschafdspolitischa Aschbekd.

Emmer wieder liesd mr von dr Vrainsamung der Gesellschafd, dia mr na, ond des au bloß partiell, durch deure Sitzunga bei de Psychiadr en Griff kriaga will. S isch unbeschdridda, dass sodde Sitzunga helfad, vor allem de Psychiadr. Dia kennad na au ihran Gewinn en ihr Gsondhaid, schbrich ihr Herzleida, inveschdiera ond brauchad na au selber koin Kollega, der se wieder uff Vorderma brengd.

A Kehrwoch machd de von dem Berufsschdand unabhängig. Du kommsch audomadisch onder d

Leud. Ond wenn da na von dene emmer wieder hörsch, wia schlechd s dene gohd, na woisch erschd, wia guad dir s aigendlich selber gohd, au ohne an Psychiadr.

Ond du nimmsch am öffendlicha Leaba dail, ob da willsch oder et. Du schbarschd dr s Gemaindebläddle ai, wenn da entschbrechende Nochbr hosch. Wenn ih dro denk, dass mai Nochbr, dr …, noi, ih sag jetzd et, wer s isch, et dass e no en äbbas naikomm, also, dass oiner von maine Nochbr an Urgroßvaddr müdderlicherseids ghed hot, der s Ergebnis vom a Seidaschbrung vom domoliga Landesfürschda war, der a Zemmermädla en a frisch gmachds Bedd … der mit ama Zemmermädla die frisch gmachde Bedda em Schloss überprüfd hot, also dass der em Grond gnomma do drvo abschdammd, des hädd ih ohne die Kehrwoch nia erfahra.

Also mai Nochbr hot demnoch scho no a bissle a hellblaus Bluad en de Odara. Mr siehd s au no ganz leichd an dr Nos.

Sonschd isch r aber a nedder Kerle. Mr merkd am des nemme a. Er isch et aigebildad oder so. Noi, er isch leudselig ond gschbrächig, ond wenn mr so am Zau loinad ond dr Nochbere uff dr andara Schdroßaseide, also dera mit ihram Hallelujazwiebel, mit ihre streng noch henda zammabondane graue Hoor, zuaguggad, wia se ällas, was grea isch oder grea werda kennd, aus de Ritza vom

Gardamäuerle rausropfd, na ka er sogar so a rich-
digs Läschdermaul werda.

Sui sei aus Oschdpreußa, hot r mr vrzähld. Er häb
nex gega d Oschdpreußa, also nex, was helfa däd.
Aber dui däd emmer so agebba. Se wär uff ama großa
Ridderguad en de Masura uffgwachsa, des ihr Vaddr
als Vrwalder gleidad häb. Mr hädd zwoi Dag drzua
brauchd, wenn mr hädd dromrom laufa wölla. Ond
See ond Wälder häb s gebba, des kennd mr sich gar et
vorschdella, so groß wärad dia gwä. Ond uff de Felder
häddad se Kardoffla ghed, dia häddad gschmeckd, do
kämdad onsere et em Entferndeschda drana. Ond,
ond, ond … ond so a Agebere kenn er scho leida wia s
Ranzawai.

Oder die Schdorrie, wia des ja heudzudag hoißd, von
dem Wahlplakadkleber, der en des Soichloch neigha-
geld isch. Die hädd ih ohne die Kehrwoch nia erfahra.
So äbbas kommd au et em Gemeindebladd.

Do häb dr Mäusneschds Frieder am Schdammdisch
romgschriah, dass an sai Scheurador vor dr Wahl koi
Plakad nakomma däd, von koira Partei, von nea-
merds. Wenn r des erlauba däd, na miaßd r s älle erlau-
ba, ond na däd sai Schuier ausseaha wia a Plakadwand,
wo na dia jonge Kerle ällan Bleedsenn macha dädad.
Amola, vrsaua, mit entschbrechende Kommentar
vrseaha, vrreißa. Ond bis na noch dr Wahl des ganze
Glomb wieder ragrubeld sei. Des miaßd ja sowieso

wieder bloß er macha, weil dia, dia s nagmachd häd-dad, des no nia wieder wegbutzd ond uffgraimd häd-dad. Noi, noi, des komm überhaupd et en Frog.

Des könn er doch gar et vrhendara, ond außerdem häddad d Leud a Arechd auf Informatio, ond sai Schuier lieg hald en dr Ordsmidde, do däd sich so äbbas abiada. Er hädd jo domols uff den Aussiedlerhof nauskönna. Do wär s an egal gwä.

Et mit mir, häb er gsagd, hädd zahld ond sei ganga.

Was dia Schdammdischler et hend wissa könna, war, dass vor am Schuirador d Soichgruab vom Schdall war, ond dui war mit Bredder abdeckd. Dr Frieder hot, nochdem s donkel worda isch, dia Bredder wegdo ond bloß a Tannareisig drüberglegd. Prombd isch na middla en dr Nachd dr Baders Schorsch, dr schdellvrtretende Bürgermoischder, Gemainderad ond Schdammdisch-ler, drenaighageld, wia er hot helenga des Plakad ans Schuirador nabäbba wölla. Samd saine Plakädla sei er bis zur Hüfde em Soich vom Frieder saim Güllaloch gschdanda.

Der sei henderm Fenschdr gschdanda ond häb sich halber he glachd, wia dr Schorsch na wieder aus dem Loch rauskrabbeld sei ond mit saine vrsoichde Hosa ond saine tropfnasse Plakädla henda über d Wiesa wieder hoimgschdolberd sei, weil er sich ja em Flegga et hot seah lassa könna. Gschwätzd häb drnoch koiner äbbas, aber s häb nie wieder oiner vrsuachd, a Wahlplakad an des Schuirador nazombäbba.

Sodde Sacha erfährsch du nichd, wenn da koi Kehrwoch machsch. Ond ih könnd no viel vrzähla.

Also, mr ka saga, was mr will, ohne a Kehrwoch wär s Leaba bloß no halb so viel werd. Du häddasch nex meh zom lacha ond dädsch ga ret wissa, was om de rom so ällas bassierd. Koi Mensch däd wissa, was mit saine Mitmenscha los isch. Koi Mensch däd Antail am Schicksal anderer nehma. A gleichgültiga Gesellschafd, die teilnahmslos vor sich navegetiera däd. Interesseloses Neabaainander ohne zwischamenschliche Kontakte, ohne soziala Bezug. Frei schwebend, haldlos und ohne Orientierung. Neurotiker ond Aigabrödler wärad vorprogrammierd. A Schdaad, der bloß no en Präventivmaßnahma für Langzeidvrhaldensgschdörde inveschdiera miaßd, anschdadd dass r des Trottwar, des e grad nakehr, endlich amol richda däd.

Ohne Kehrwoch däd dr Schdaad dr Bach naganga!
Wenigschdens bei ons em Flegga.

Dilemma

Wenn mr et ka,
wia mr will,
na isch des fai schlemm.

Wenn mr aber will
ond et ka,
na isch des no viel schlemmer.

Kenna hädd er scho wölla,
aber könna hot er hald et könna,
obwohl er könna wölla hädd.

A Rentnermorga

Et, dass Se jetzd denkad, so däd s bei ons drhoim zuaganga. Noi, noi. Aber s kennd sonschd überall so sai oder gwä sai. Vielleichd wird s au no so.

Er sitzd am Frühschdück, issd a Gsälzbrod ond liesd neabaher en dr Zeidong. Ogwäscha, ozähbutzd, orasierd, okemmd, oazoga, em Bademandel.

Sie kommd frisch grichdad aus am Bad.

»Godda Morga, Schatz«, ond druckd am an Kuss uff dr schdupflige Backa.

»Morga.«

»Hosch guad gschlofa?«

»Ja.«

»Gibsch mr a Brod rom?«

Er hörd nex, liesd d Zeidong ond regd sich uff: »Mr glaubd s jo et! Ha, dia send doch et ganz bacha! Jetzd wöllad dia au no a Omsatzschdeuer bei ehraamdliche Dienschdlaischdonga aikassiera!«

»Gibsch mr a Brod rom?«

»Ha, dia schbennad doch!«

»Gibsch mr a … na hol e s hald selber.«

Se laufd om da Disch rom, druckd gega sain Schduahl, damid se henda romkommd.

»Was machsch denn do?«

»Ih hol mr a Brod.«

»Worom schwätsch na nex? Ih hädd dr doch ois nomm gebba.«

»Ih han s jo gsagd. Aber du hörsch jo nex.«

»Neizeah Brozend! Ja schdell dr des doch amol vor!«

»Drei Rolla Klobabier zu neinaneinzg Cend em Sonderagebod.«

»Ha?«

»Nex.«

»Mr sodd dia Politiker zom Deifl jaga! Älle mitanander«!

»A halb Pfond Buddr, siebnasechzg. Günschdig.«

»Ha?«

»Nex.«

»Ond der Dengs, der Dengs, ha woisch, der Abgeordnede von onserm Wahlkreis, isch der et au bei dene em Finanzausschuss? Den wähl e nemme, sell woiß e gwieß! Dem zoig e s!«

»A Kilo Äpfel, einssechsazwanzg. Elschdar. Guad.«

»Ha?«

»Nex.«

»Wenn e überhaupd no zom Wähla gang! Dia vrkaufad oin jo für bleed, wenn se amol gwähld send. Was hend dia vor dr Wahl et ällas vrschbrocha. An Schdeuererhöhunga sei et zom denka ond an neue

Schdeuara scho garet. Ond jetzd? Was machad se, dia Dagdiab?«

»An halber Lidder Sahne, fenfaachzg. Kasch nex saga.«

»Ha?«

»Nex.«

Guckd über d Zeidong nom zu saim Weib.

»Du hosch doch grad äbbas gsagd.«

»Noi, noi. Isch et so wichdig.«

»Höra dua e fai no guad.«

»Wia mrs nemmd.«

»Wie moinsch?«

»Wia dai Vaddr. Der hot au bloß ghörd, was r hot höra wölla.«

»Du hosch was gsagd.«

»Ih han bloß d Zeidongsazoiga uff dr Rückseide von daira Zeidong gleasa.«

»Seid wann liesch du laud?«

»Sonschd schwätzd jo neamerd mit mr.«

»Ih han dr doch grad äbbas vorgleasa.«

»Des ka e nochher selber leasa.«

»Aber des däd die doch au uffrega. Neizeah Brozend auf freiwillige Dienschdlaischdonga!«

»Du hengsch d Zeidong en Kaffee nai.«

»Ha?«

»Zeidong.«

»Was isch mit dr Zeidong?«

»Du hengsch se en dai Kaffeetass nai.«

»Was? Au. Scheiße.«

»Ih frühschdück fai no.«

»Neizeah Brozend. Ih glaub s jo net! Für freiwillige Dienschdlaischdonga! Des muaß mr sich amol uff dr Zong vrganga lassa!«

»Soll e an Apfelkuacha bacha?«

»Ond vor dr Wahl hot s no großschburig ghoißa, wenn sia an d Regierung kämad, wär s nex mit Schdeuara. Se dädad dr Schdeuerzahler entlaschda. Lugabeudel elende.«

A bissle lauder: »Soll e an Apfelkuacha bacha?«

»So haldad dia ihre Vrschbrecha.«

No a bissle lauder: »Na hald et!«

»Mr sodds et glauba.«

»Worom?«

»Was, worom?«

»Dass ih an Apfelkuacha bacha soll.«

»Wie kommsch du jetzd auf Apfelkuacha?«

»Ih han die grad gfrogd, ob ih an Apfelkuacha bacha soll, ond du sechsch: Mr sodds et glauba!«

»Vom a Apfelkuacha war doch gar et d Red! Ih han doch von derra neua Schdeuer gschwätzd.«

»Ond ih vom Apfelkuacha.«

»Ond wieso kommsch du jetzd grad uff an Apfelkuacha?«

»Du hengsch d Zeidong en dr Buddr nai. Ih will se fai au no leasa.«

»Des bissle. Ond worom willsch du an Apfelkuacha bacha? Kriagad mr vielleichd au no Bsuach?«

»Noi, aber d Zutada wärad grad em Sonderagebod.«

»Woher woisch?«

»Aus dr Zeidong.«

»Die lies doch grad ih.«

»Henda. Ozaigedail.«

Er liesd weider.

»Ih kennd me uffrega! So an Hals kennd e kriaga!«

»Soll e oder soll e et?«

»Na mach hald.«

»So nicht. Ih will dir a Fraid macha ond du sechsch: Na mach hald.«

»Ach, wenn e me au so uffrega muaß. Des hot doch nex mit dir ond daim Apfelkuacha zom do.«

»Soll e?«

»Ja.«

»Wie?«

»Ja – bidde.«

»Gohd doch. Also guad. Ih mach dr an Aikaufszeddel.«

»Was? Ih soll au no aikaufa? Ih ka doch et ällas macha. Ih han doch do drfur gar koi Zeid! Ih muaß no s Audo wäscha ond enna rausbutza, wenn mr am Sonndich zur Rosaausschdellung noch Bada-Bada fahra wöllad. Na muaß e d Boschd macha. Uff d Bank sodd

e au no, em Garda d Bluama giaßa ond was woiß ih no
ällas, ond dr Hond wardad au scho.«

»Ih han denkd, du seisch en Rende ond häddasch
Zeid grad gnuag.«

»Han e au denkd. Mir isch schleierhafd, wia e früher au no han ens Gschäfd ganga kenna.«

»Ih han an Termin beim Friseur, des han e dr aber
scho geschdern gsagd. Ih komm erschd so gega halb
zwoi wieder hoim.«

»So schbäd?«

»Bei ons Fraua dauerd des hald a bissle länger.«

»Wenn s na wenigschdens au länger heba däd.«

»Wie bidde?«

»Wo soll e des Sach aikaufa?«

»En dr Schreinerei! Guck hald en dr Zeidong, wo
des Sonderagebod schdohd!«

»Welches Sonderagebod?«

»Mensch Ma, du bisch vielleichd neaba dr Kabb.«

»Ih ben hald jetzd grad gedanklich wo ganz anders.«

»Des merk e. Ih schreib dr ällas ganz genau auf ond
schreib no na, wo da was kriagsch. Ond nemm au dai
geliebtes Navi mit.«

»Zu was?«

»Damid da wieder hoimfendasch. Et dass da au no
vrgisch, wo da wohnsch. Ih muaß los. Do isch dr Zeddel. Ade.«

»Gibd s aigendlich na heud koi Middagessa?«

»Em Küahlschrank isch no a Reschdle Schenkaschbätzla von geschdern. Des kasch warm macha, bis e komm.«

»Wia?«

»Druffhocka! Ih muaß los.«

Nochdem sui zur Dür drussa isch, hockd er zemlich oschlüssig vor saira Zeidong ond überlegd, was r zerschd macha soll. Er liesd na wieder. Drnoch gohd r ens Bad ond richdad sich notdürfdig. Er muaß ja no s Audo butza ond en Garda muaß r au no naus.

Er gohd nom ans Schlüsselbreddle, hold dr Audoschlüssel ond schlabbd en Richdong Hausdür. Er kommd am Flurdischle vorbei. D Boschd liegd druff. Sai Weib hot se no aus am Briafkaschda gnomma, bevor se zom Friseur isch.

Neugierig, wie er hald isch, schnabbd r des Beigle ond gohd en d Küche. S kennd jo äbbas Wichdigs drbei sai, denkd er vor sich na. Er schenkd sich dr Reschd vom kalda Kaffee ai ond hockd ans Küchedischle na, sordierd d Rechnunga raus, guckd a baar Briafomschläg a, damid r woiß, ob sich s lohnd, dass mr se überhaupd uffmachd, ond dr Reschd isch Reklame, Reklame, Reklame. Nex wia en Babierkorb des ganze Glomb.

Er legd dr Audoschlüssel zur Boschd, gohd nom ens Arbaidszemmer ond will dr Babierkorb holla. Dr Babierkorb isch voll. Also nom zom Babiercontainer. Der schdohd vorna am Schdroßaeck beim Briafkaschda.

»Do kennd e ja glei maine Rechnunga wegschicka«, denkd r, bevor er zur Hausdür naus isch. Er gohd zrück ens Arbaidszemmer. Dord suachd r noch de Formular. Er fendad au älle, bis auf dia Überweisungsformular, dia send schaind s ausganga. Also, zerschd uff d Bank ond Formular holla.

»Bevor e losdabb, schdell e mir no a Fläschle Bier kald«, sechd r halblaud vor sich na.

Na en Keller. Dord schdohd er vor ara leera Bierkischd.

»Sch …« sechd mr et. Grad wia er d Trebba wieder nuff will, fendad er no Godd sei Dank oi Fläschle, des seid guad ama halba Johr ainsam en dr Kardoffelkischd liegd. Er hot s domols vrgessa, wia mrn noch de Kardoffla en Keller nagschickd hot ond er sich bei derra Gelegahaid hot a Fläschle mit nuffnemma wölla. S ka scho au manchmol hilfreich sai, wenn mr äbbas vrgissd. S isch oifach nix so schlechd, dass es et au äbbas Guads häb, schmunzeld er vor sich na, au wenn des Bier scho a Vierdeljohr übers Vrfallsdatum naus isch.

D Kischd nuffgnomma, en Hausflur gschdelld, damid er se nochher et vrgissd, wenn r zom Aikaufa gohd.

Schuah.

»Wo send jetzd maine Schuah?«, frogd r sich. Em Schuahschrank send se et. Hender dr Hausdür send se et. Uff dr Terrass! Klar! Er hot se z letschd Mol abwäscha miaßa ond zom Trockna uff d Terrass gschdelld.

Er isch en an Hondehaufa naidabbd gwä. Vom oigna Hond. Der hot en dr Garda gsch..., was er sonschd ja nia machd. S hot offasichdlich bressierd ghed. Ond no hot mrs vrgesssa wegzombutza. Ond scho isch r drengschdanda. Middla dren.

Er gohd naus uff d Terrass. S duad zwoi Schläg. D Hausdür ond d Terrassadür hot s zuagschlaga, weil s zoga hot. Dr Hond guckd zom Terrassafenschder naus ond belld. Er will hald au naus. S Herrle will nai. Boides gohd et.

Nom zom Nochbr. Bei dem hend se an Ersatz-schlüssel henderlegd. Er schelld. Er schelld zwoi Mol. Er schelld drei Mol. Er schelld en saira Not sogar no öfders. No fälld s am ai. Dia send ja en Urlaub gfahra ond hend boide Schlüssel, also ihran ond sain, drweilsch bei ihm deponierd, weil se d Bluma giaßa miaßad.

Ach du liebe Zeid! Des hädd mr scho vor zwoi Dag do sodda!

Wieder nom, d Kellertrebb na. Au zua. Dr Hond belld emmer no. Er kommd sich vrlassa vor.

S Kellerfenschdr isch kippd. Wenigschdens. D Trebba nuff ond nom en d Garasch. Er suachd noch äbbas, wo mr den Hebel vom Kibbfenschder hoch-ziaga ka. S Abschlebbsoil vom Audo. Prima. Des hot vorna a Schloif dro.

Wieder nom zom Haus, d Kellertrebb wieder na. Mühsam des Soil durch den Schlitz über den Hebel vom Fenschdr gfädeld. Perfekd. Feschdgschdelld, dass mr den nadrucka ond net nuffziaga muaß. Jetzd druck amol mit so ama Loddersoile an Fenschderhebel na. Gohd et.

Em Jäschd gega d Kellerdür trabd. Dui ka ja aigendlich nex drfür, aber se gohd uff. Offasichdlich hot se vorhin klemmd.

Trebba nuff. Dr Hond drehd schier durch, so fraid sich der. Er hot scho denkd, se häddad an älle vrlassa.

»Wo isch dr Audoschlüssel? Grad han en doch no ghed.«

Auf am Schreibdisch em Büro isch r et. Am Schlüsselhalder isch r et. Auf am Flurdischle isch r et. Em Wohnzemmer isch r et. Do isch bloß dr emmer no et abgräumde Frühschdücksdisch.

Der muaß doch em Arbaidszemmer sai. Do isch r et, au wenn r scho zom zwoida Mol romschdierd. Drfür fendad er d Baualaidong vom neua Gardagrill, den er scho s letzschd Johr hot uffbaua wölla, s na aber et kenna hot, weil er d Baualaidong nemme gfonda hot. Bei ama Gasgrill muaß mr uffbassa. Do derfsch nex falsch macha. Et dass des ganze Glomb no explodierd.

»Liaber ward e, bis e se gfonda han, et dass des no a Oglück geid«, hot r sich domols denkd. Jetzd hot er se ja, na ka er den Grill ja heud Middag uffbaua, wenn r drzua kommd. S isch jo erschd a Johr rom.

D Baualaidung legd r en d Küche zu dr Boschd ond zu de Rechnunga, damid r se nochher et vrgissd.

Er brauchd jetzd noch derra Uffregung obedengd an Schluck kalds Bier. Machd dr Küahlschrank uff. Leer. S warme Bier schdohd no zwischa de aussordierde Rechnunga ond de Werbebroschbekd. Vrgessa naizomdo. Au egal. Z kald isch sowieso ogsond. Er machds uff. S warme, vom Rauftraga vrschüddelde Bier nützd die overhoffde Freihaid aus ond tritt d Fluchd noch außa a, bevor er au no s Maul an d Flasch nakriagd.

D sordierda Boschd ond d Baualaidong uff am Disch schwemmad em a Bierschaumseele ond gebbad dr Audoschlüssel frei. Er saud mit saira überschäumenda Bierflasch om dr Küchedisch rom, nom zur Schbüale ond schmeißd d Flasch nai. Hädd er et do sodda. Die fälld so oglücklich auf den Metallreng vom Abfluss, dass se en dausend Scherba vrfahrd.

»Ach leck mich doch die Welt am A…«, schreit r grad naus ond merkd drbei, dass r dringendschd uff s Klo muaß, et dass nomal a Sauerei gibd.

Er gohd uff s Klo. D Schuahsohla bäbbad. Jeder Schridd duad, wia wenn mr an Tesafilm von ara Glasbladd wegziagd.

Während er uff am Klo hockd, schleckd dr Hond des Bier auf, des emmer no vom Küchedischle natropfd. Drweilsch denkd s Herrle so vor sich na:

»Aikaufd han e et.
An Apfelkuacha gibt s et.

Mit am Hond war e no et furt.
S Auto isch et gwäscha.
Boschd et fertig.
Garda et gossa.
Babierkorb et gleerd.
Nochbrs Bluma vrgessa.
S Middagessa et uffgwärmd.
Ond jetzd hock e do.«

An dr Dür schellds.
Er guckd uff d Uhr.
S isch halb zwoi.

Dr Fahrkardaaudomad

Ih verhalt mich ja maischdens umweltbewussd. Ih rauch et, verpeschd also koi Lufd, fahr drzu na an abgasarma Heizölmaseratti, trenn main Müll noch Babier, Blaschdig ond Sonschdiges ond schdreu em Wender koi Salz uff s Trottwar, au wenn s d Leud naihaud. Dia sollad hald besser uffbassa, wenn se durch d Gegend schlurfad oder wenigschdens s richdige Schuahwerk aziaga.

Mai Frau hot zom Zaharzd miaßa.

»Ih fahr mit«, han e gsagd, »ih muaß no a baar Sacha bsorga.«

»Na fährsch aber mit daim Audo. Bei mir dauerd s heud länger. Ih kriag a Krone.«

»Noi, ih fahr mit dir. Ih ka ja mit am Zügle hoimfahra.«

»Mit was?«

»Mit am Zug.«

»Hoi.«

»Was hoißd do hoi? Ih ben hald umweldbewussd.«

»Seid wann?«

»Seid grad äba.«

»Aha. Woisch du überhaupd no, wia des gohd? Du bisch doch jahrzehndelang mit koim Zug meh gfahra.«

»Ih werd doch no mit am Zug fahra kenna. D Schualerkender fahrad ja teilweise au mit am Zug. Na werd ih s doch wohl au nakriaga.«

»Wenn da moinsch«, sagd mai Holde ond lächeld vielsagend vor sich na. Ih han aber nemme gfrogd worom.

Mir fahrad also zamma en d Schdadt. Sie gohd zom Zaharzd ond ih kauf mai Sach ai ond dabb langsam en Richdung Bahhof.

»Hot sich doch ainiges gänderd«, denk e so vor mih na, wia e en d Bahhofshalle naigang. »Do dromma isch s früher zur Bahhofswirtschafd naiganga. Nex mai. Zua. Drvor warad emmer d Klo. Nex mai. Weg. Buachlada. Riachd au besser. Da Ziggerleslada (Süßwarengeschäft) gibd s tatsächlich no. Siehd aber ganz anders aus. Vor allem der Ma, der drhender schdohd ond neaba Schoglad Adenka ond gschmacklosa Gruschd, also Accessoires für d Wohnunga von onsere Mitbürger aus was woiß ih woher, vrkaufd.

Ond drneaba dra warad emmer zwoi Fahrkardaschalder. Weg. Gibd s nemme. Reisebüro, Autovermietung.

Ond jetzd? Do dromma isch ja Godd sei Dank d Auskunfd. Ih gang nom. Zua. Ja, drom. Wia hädd s au anders sai kenna.

Ih schdand zemlich hilflos en dr Gegend rom. Des hot schaind s oiner gseah, a fraindlicher jonger Mann, also en maim Alder: »Dia hend bloß von viere bis sechse offa. Aber do vorna oms Eck schdohd a Fahrkardaaudomad, em Fall, dass Se oin … dass Se fahra wöllad«, lachd ond laufd weider.

»Jetzd han e dr Scheiß«, han e denkd. Früher bisch uff da Bahhof, hosch de am Fahrkardaschalder agschdelld, hosch zu dem maischdens ofraindlicha Schalderbeamda gsagd, was da willsch: »Oimal Esslinga ond zrück, dritte Klasse«, ond hosch aigendlich maischdens kriagd, was da wölla hosch, wenn da et grad Hendel mit dem Beamda am Schalder agfanga hosch, weil dr s z lang dauerd hot.

»Mir bressierd s, mai Zug fährd en zwoi Minuda.«

»Häddsch dain Arsch rechdzeidig aus am Bedd glupfd, na däd s jetzd et bressiera«, hot s Däfale romdrehd, »vorübergehend geschlossen«, hot d Schbrechklabb zuagmachd und isch für a halbe Schdond zom veschbara ganga. Dr Zug isch dr zwar naus, aber sonschd, wia gsagd, koi Problem.

Gibd s ällas nemme. Grad schad drom. Mr hot koin meh, an den mr saudomm naschwätza kennd. Bloß no Audomada. Wo da nagucksch, emmer piepd s. Hilfd ällas nex, do muaß mr durch. Ih suach den Audomada. Genau des han e vrmeida wölla.

Vorna an dr Onderführung zu de Bahschdoig schdohd oiner. S siehd wenigschdens so aus. Ih lauf zerschd amol vorsichdig om den graua Kaschda mit dene rode Schdroifa rom. Auf dr rechda ond auf dr lenka Seide send Bildschirm. Boide voll mit Werbung.

135

Des ka s ja et sai. En dr Midde an Geldwechselaudomad. Do kriagd mr au koine Fahrkarda. Ih ward, bis e alloi ben, ond guck mr na oin von dene Bildschirm genauer a. Zwischa Waschmiddelwerbung, Autoverkauf, Kontaktazaiga ond Babywendla mit Kamilleextrakd schdohd ganz kloi: Fahrkarten Tickets Billets Biglietti.

Aber s schdohd nichd drbei, wo mr dia kriagd, ond Knöpf zom drucka gibd s au et. Bloß an Schlitz zom Geld naischmeißa. Des däd dene so bassa.

Ih zieh me a bissle zrück, loin an a Wand na, hol mai Blöckle raus, dua, wia wenn e äbbas uffschreiba däd, ond ward, bis äbber kommd, den e na beobachda ka. S kommd äbber, aber der hot so an broida Buggl, dass e gar nex sieh.

Ih ward weider. Schüler. Bassd. Aber dia hend schaind s bloß Bleedsenn em Kopf, dabbad mit ihre ogwäschane Griffl auf dem Bildschirm rom, ziagad onda an Zeddel raus ond sauad drvo. Saukerle.

Ih gang nomal zom Bildschirm. Jetzd merk e, dass e vorhin äbbas überseaha han. Ih han denkd, des sei a Werbeschbruch: Bitte drücken Sie auf den Bildschirm und führen Sie Ihre BahnCard ein.

Wo soll ich jetzd gschwend a BahnCard herkriaga? D Auskunfd hot jo zua. Ih druck trotzdem druff. Wenn e des drhoim am Computer von maira Frau däd! Mai Liaber, do wär Heu honda! Des ka se scho au gar et leida, wenn maine Fengerdäbber uff ihram Bildschirm druff send.

Ih hör, wia a Frau uff dr andara Seida vor dem andara Bildschirm schempfd: »Worom gohd des Glomb et? So ain Mischd, so ain elender! Fahr e hald mit am Bus hoim!«

Se laufd wieder weg. Aha. Ih ben offasichdlich et dr Oinzige, der so saine Probleme hot.

En dr Zwischazeid isch a neis Bild uff maim Bildschirm: Fahrkarten Platzreservierung Fahrplanauskunft Spezialangebote ... ond was woiß ih no ällas. Ih druck auf Fahrkarda.

A neis Bild: Wählen Sie Ihr Ziel oder geben Sie es über die Tastatur ein.

Ih schreib Albershausa, do wohn e nemlich ond werd na durch des, dass der Kaschda koin Muckser mai duad, drauf aufmerksam gmachd, dass Albershausa ja gar koin Bahhof hot. Ih druck auf Abbruch.

Werbung.

Hender mir schdandad Leud. Ih dua, wia wenn e ferdig wär, guck en Buachlada nai ond komm wieder zrück, nochdem dia Leud weg send.

Ih probier s nomal, ben aber offasichdlich uff äbbas anders komma: Expresskauf Platzreservierung Zeitkarten bahn.corporate Firmenkunden Bahn-Cardkunden.

Abbruch.

Ih fang wieder nei a. A älders Fraule kommd: »Ka e Ehne helfa?«

»Noi, noi, ih ben scho ferdig. Danke.« Peinlich. Abbruch.

Nom zom Buachlada.

Zrück vom Buachlada. Neuer Vrsuach: Abfahrtsbahnhof.

So äbbas bleeds. Dui Kischd miaßd jo wenigschdens wissa, wo se schdohd. Egal. Wieder: Zielbahnhof BahnCard Klasse Abfahrt Reiseweg Aufenthaltszeit Verkehrsmittel.

Saudomm. Was gibt s uff ama Bahhof no außer Züg? Ond außerdem gohd des dia doch an feuchda Schdaub a, wie lang ih mih wo aufhald. Was hot des aigendlich mit maira Fahrkard zom do? Ach leckad me doch älle …

Bitte wählen Sie die Reisenden.

Ih glaub, ih schbenn! Ih will alloi fahra ond et au no wildfremde Leud mitnemma!

A Ma hender mir: »Wissad Se jetzd na endlich, wo Se nafahra wöllad? Mir bressierd s.«

»Oh, Entschuldigung.«

Abbruch.

Buachhandlung.

Ih brobier s nomal. Komm wieder bis: Wählen Sie die Reisenden, ond bemerk na rechts drneaba a baar Auswahlkriteria: 1 Erwachsener mehrere Erwachsene Erwachsene mit eigenen Kindern.

A Frechhaid isch des.

Neaba mir: »Du fertig?«

»Ja.«

Abbruch.

Buachhandlung.

Ih brobier s wieder. A neis Bild: Bei Kartenzahlung Chip oben liegend einführen bzw. Magnetstreifen rechts unten.

Gutscheinnummer. Bitte geben Sie die 7-stellige Gutscheinnummer ein und bestätigen Sie mit OK.

Koi Mensch hot mir an Guadschai gschenkd. Ih druck a Fantasienummer.

Eingabe nicht korrekt. Drücken Sie auf Abbruch.

Ih probier s a letzschd s Mol. Ih geb mir besonders viel Mühe ond werd au belohnd: Die Eingabe Ihrer Reiseparameter ist hiermit abgeschlossen. Sie können weiter zur Verbindungssuche.

S zupfd me äbber am Ärmel.

»Gell, Sia kennad sich do aus. Kennad Sie mir viel-leichd a bissle weiterhelfa?«

»Des duad mr jetzd aber arg loid, guade Frau, fro-gad Se hald äbber anders, wissad Se, et dass mr no mai Zug nausgohd.«

Abbruch.

Buachhandlung.

Allerletzschder Vrsuach.

Ih komm bis: direkter Reiseweg und über. Ond do schdohd drbei: Sie können gezielt Einfluss auf Ihren Reiseweg für die Hinfahrt nehmen.

»Probier e aus«, han e denkd ond schreib Berlin nai. Des wär s doch, von Gebbenga nach Uigna über Berlin. Do kennd e gschwend noch maine Jonge gu-cka.

Uff am Bildschirm erschaind Werbung.

»So ain Scheißkaschda«, maul e vor me na.

»Sia, was glaubad Se, was dui Kischd do druff saga däd, wenn se schwätza kennd.«

A Ma, der me offasichdlich scho a Weile beobachdad hot, schiabd sich an mr vorbei, drückd a baar Mol uff da Bildschirm, ziagd a Kärdle raus ond lässd me schdanda.

Früher hosch a Vierdelschdond mit ama Fahrkardabeamda romzerfa könna, bis da na des kriagd hosch, was da wölla hosch. Heud kasch schdondalang vor so a Kischd naschdanda ond se ällas hoißa. Kriagsch trotzdem nex. Des isch vielleichd a Fortschridd.

Ih han me na ens Wardezemmer vom Zaharzd gsetzd, han uff mai Frau gwardad ond ben na mit ihra wieder hoimgfahra. Die hot gar nex saga braucha, so hot se guckd. Des Schlemme drbei war, se hot net amol Orechd ghed, mit am Gucka.